Nouvelle édition
entièrement refondue
et augmentée

Manuel

de **typo**graphie

et de

mise en **page**

Du papier à l'écran

D1662891

François Richaudeau
Olivier Binisti

RETZ
www.editions-retz.com
1, RUE DU DÉPART
75014 PARIS

À mon épouse Yvette, mon troisième œil.
F. R.

Pour Audrey, qui m'apporte son regard et son sourire.
O. B.

Soignez la vôtre.
Soignez la gloire de votre firme
et l'excellence de vos marchandises,
car, si vous les jugez bonnes, votre intérêt
devient l'intérêt général.

R

Saluez donc, depuis l'écrivain
jusqu'au dernier typographe,
les intermédiaires entre vous et la foule ;
admirez cet essaim dans la ruche
où l'encre active
s'apprête à nourrir le monde,
comme un miel noir.

Jean Cocteau,
Titre à la gloire des Arts graphiques et de son éditeur,
L'Imprimerie Draeger, 1924

Sommaire

■ **Typographie et mise en page :
du papier vers l'écran**

François Richaudeau

Introduction 9

**Quelques notions en relation
avec la pratique typographique** 12

- Chaîne préparatoire 12
- Manuscrit 12
- Code typographique 13
- Correction (signes de) 14
- Piger ou calibrer 14
- Format de page 17
- Préparation visuelle 19
- Nombre de pages 20
- Devis 21
- Copie et épreuve 21
- Correcteur d'épreuves 22
- En résumé 22
- De nouvelles règles de composition
  et de mise en page 24

**Les treize concepts à la base
d'une théorie typographique** 25

**Les signes typographiques :
la microtypographie** 28

La lisibilité des lettres et des mots,
ou microlisibilité 28

- Première loi :
  la dimension des caractères 34
- Deuxième loi : le dessin des caractères,
  le squelette 35

- Troisième loi : le dessin des caractères,
  le style 35
- Quatrième loi :
  la ligne justifiée ou non 35
- Cinquième loi :
  la longueur des lignes 35
- Sixième loi :
  l'espacement des lignes 38

Les signes de l'alphabet 38
- Anatomie de la lettre 38
- Corps 39
- Point typographique 39
- Œil ou *x-height* 40
- Graisse 40
- Chasse 40
- Empattement ou *Serif* 41
- Transformations optiques
  (ou électroniques) 42
- Les cinq formes de base
  ou squelettes 43
- Caractères de labeur 48
- Caractères fantaisie 50
- Famille de caractères 51
- Police de caractères 51
- Deux classifications
  typographiques 52
- Pour conclure 52
- Les caractères les plus fréquents
  en informatique 56

Les autres signes typographiques 58
- Ligature 58
- Approche 58
- Espace 60

- Coupures de mots et de nombres **61**
- Chiffre **62**
- Nombre : chiffres ou lettres ? **63**
- Ponctuation **64**
- Crochets **69**
- Souligné **69**
- Filet **70**
- Vignette **71**
- Logotype **72**
- Idéogramme et pictogramme **72**
- Mais, attention… **74**
- Trop de signaux **75**

La mise en page : la macrotypographie **76**
- Les six structures typographiques **77**
- Les six macrotypographies de base **78**
- Mise en page sur papier ou sur écran : du feuilletage au déroulage **81**
- Quand le transfert d'une information par courrier électronique perturbe sa typographie et sa mise en page **82**

La lisibilité de la page **87**
- Les huit lois en typographie structurée ou macrolisibilité **87**
- Contraste : à la base de la perception **88**
- Couleur typographique **89**
- Couleur du noir **89**
- Couleur en sus du noir **91**
- Quelques conseils pour l'utilisation des couleurs **91**
- Trames : entre le noir et le blanc **92**
- Blanc, le signe de base **93**
- Marges ou blancs périphériques **97**
- Lézarde **100**

- Hiérarchie entre les blocs typographiques **100**
- Hiérarchie entre les mots **103**

Le paragraphe **104**
- Début du paragraphe **104**
- Débord **105**
- Justification **105**
- Interlignage **107**

Autour du texte principal **109**
- Belle page (ou bonne page) **109**
- Double page **109**
- Titre de l'ouvrage (pour un livre) **110**
- Sommaire **111**
- Index alphabétique **112**
- Glossaire **113**
- Bibliographie **113**
- Folios **117**
- Titre courant **118**
- Notes **118**
- Légendes (d'illustrations) **120**
- Citations **120**
- Copyright (d'un livre) **121**
- Achevé d'imprimer et le dépôt légal (d'un livre) **121**

Psychologie et styles **125**
- Psychologie de la typographie **125**
- Les styles graphiques du XIXe siècle à nos jours **127**

Typographie et mise en page sur écran

Olivier Binisti

Introduction 132

- L'affichage sur le moniteur 132
- Papier et écran, des principes
  de lecture différents 134

Les bases de l'écriture sur écran 136

Les principes d'organisation
et de présentation spécifiques
à la lecture sur écran 136

- Les indicateurs visuels 137

L'écran : un support de lecture
séquentielle 138

- Une structuration de l'information
  nécessaire 138
- Une véritable architecture
  de l'information 139

Les logiciels bureautiques 140

- Les polices de caractères 140
- Le logiciel bureautique utilisé
  par le destinataire 142
- La solution du PDF 143

Internet 144

- Le HTML 144
- Les polices de caractères 145
- Les couleurs 148
- Les tables ou tableaux 149
- Le courrier électronique 153

Sites Internet et lettres électroniques :
quelques exemples 156

Glossaire (typographie et écran) 179

Bibliographie 181

Index alphabétique 183

Typographie
et mise en page :
du papier vers l'écran

François Richaudeau

Du même auteur

La Lettre et l'Esprit, Paris, Planète, 1965 – épuisé.

Méthode de lecture rapide (en coll. avec Michel et Françoise Gauquelin),
Paris, Retz, 1966, 3ᵉ éd. 2004.

La Lisibilité, Paris, Retz, 1969, 2ᵉ éd.1976 – épuisé.

Le Langage efficace, Paris, Retz, 1973, 2ᵉ éd. Marabout, 1978.

La Chose imprimée (sous la dir. de John Dreyfus et François Richaudeau),
Paris, Retz, 1977, 3ᵉ éd. 1985 – épuisé.

Je deviens un vrai lecteur (en coll. avec Georges Rémond),
Paris, Retz, 1979, 2ᵉ éd. 1990.

Conception et production des manuels scolaires, Paris, Unesco, 1979, 3ᵉ éd. 1987.

Linguistique pragmatique, Paris, Éditions Retz, 1981 – épuisé.

Lecture rapide Richaudeau, Paris, Éditions Retz, 1982, 3ᵉ éd. 2004.

Recherches actuelles sur la lisibilité (sous la dir. de François Richaudeau),
Paris, Retz, 1984.

Ce que je pense, Paris, Retz, 1987 – épuisé.

Ce que révèlent leurs phrases, Paris, Retz1988 – épuisé.

Écrire avec efficacité, Paris, Bibliothèque Richaudeau/Albin Michel, 1992.

Sur la lecture, Paris, Bibliothèque Richaudeau/Albin Michel, 1992.

Des neurones, des mots et des pixels, Méolans-Revel, Atelier Perrousseaux, 1999.

Introduction

La première édition de ce manuel de typographie date de 1989, soit:
– cinq années après la présentation par la firme Apple de son Mac (1984);
– quarante-cinq années après la présentation de la photocomposeuse Photon/
Lumitype;
– ... et cinq siècles et demi après l'invention de l'imprimerie par Gutenberg.
Le présent lecteur pourra trouver prétentieux le rapprochement avec cette
dernière date, qui marquait une innovation capitale dans les techniques de repro-
duction de textes.
Et pourtant... Durant cinq siècles et demi, rien de fondamental dans la nature
du processus d'impression n'est survenu. Le chaînon intermédiaire entre le
manuscrit original et les copies imprimées demeura <u>inchangé</u>: un assemblage
fragile de caractères (ou de lignes) métalliques en plomb[1], dont le maniement
et la disposition impliquaient certaines servitudes d'assemblage qui ont marqué
la physionomie des imprimés ainsi obtenus. D'où la publication, en 1928, d'un
code typographique qui, devenu une bible, régissait les règles de composition
d'un texte imprimé, mais qui, de nos jours, est devenu en partie inadapté.

⊙ 1954 : la photocomposition

Ce sont deux ingénieurs français, René Higonnet et Louis Moyroud, qui donnent une impulsion décisive à la photocomposition, en concevant la <u>Lumitype</u>, qui allait doter l'industrie de l'imprimerie de possibilités de composition et de mise en page jusqu'alors insoupçonnées. N'ayant pas trouvé en France les apports financiers nécessaires pour poursuivre leurs recherches, ils partent aux États-Unis, où ils créent la Photon Compagnie. C'est à Paris, au Salon des techniques papetières et graphiques de 1954, qu'une première version est présentée, suscitant curiosité et enthousiasme. Charles Peignot, patron de la fonderie Deberny et Peignot[2], ami

---

1. *En réalité, alliage de plomb, d'étain et d'antimoine.*

L'encadrement des notes de bas de page du présent ouvrage ne constitue pas un modèle fonctionnel, mais traduit ici une originalité proposée par le maquettiste et acceptée par l'auteur.

2. *Fonderie possédée par Balzac, qui, à la suite de grosses pertes, sera rachetée par la maîtresse du romancier, Madame de Berny.*

et mécène des meilleurs créateurs de caractères de son époque, saisit l'importance de la découverte et en acquiert les droits de fabrication et de commercialisation en Europe. Il propose non seulement la vente de la machine, mais il entreprend également la création d'un spécimen original de caractères de qualité qui seront composés avec ce matériel. Il fait alors appel à un jeune graphiste suisse aux dons exceptionnels, Adrien Frutiger, qui redessinera des caractères traditionnels tels que le Garamond et créera des originaux dont le plus connu est l'Univers, au succès mondial, avec d'autres versions conçues pour le matériel de composition plomb. Les premières Lumitype commercialisées en France produiront des ouvrages dont la typographie est fonctionnelle et de qualité, qui trancheront sur les productions de la même époque, telles ces encyclopédies pratiques éditées par *Culture*, *Arts*, *Loisirs*[3], vendues à plus de 500 000 exemplaires par titre.

Hélas, les prévisions commerciales de Charles Peignot ne se réaliseront pas, en raison de la fragilité du matériel – sujet à de fréquentes pannes –, de difficultés de fabrication, de retards dans les livraisons et, surtout, de la mentalité traditionaliste des gens de la profession, notamment imprimeurs et éditeurs. La glorieuse fonderie Deberny et Peignot disparaît. De nouvelles photocomposeuses aux performances encore supérieures apparaissent sur le marché mondial, mais sans bouleverser les structures de la profession.

En cinquante ans, les techniques de typographie ont plus évolué qu'elles ne l'avaient fait en cinq siècles, depuis l'invention de l'imprimerie par Gutenberg. En quelques décennies, le plomb disparaît ; les caractères, autrefois métalliques, sont générés par des mémoires magnétiques, transférés par des rayons de lumière, visualisés sur des écrans vidéo. Et à la lourde « forme », assemblage fragile de caractères et de lignes destiné à la presse typographique, s'est substituée la simple feuille de film ou de papier. Parce que les compositions de jadis étaient lourdes et fragiles, les fonctions de composition, de mise en page d'une part, et d'impression d'autre part, étaient réalisées en un même lieu : l'imprimerie. Désormais, rien ne justifie plus cette association, et le lieu de composition est le plus souvent distinct du lieu d'impression. Grâce à l'apparition de micro-ordinateurs aux possibilités typographiques étonnantes, ce lieu de composition est même devenu le bureau d'un publicitaire, d'un éditeur, d'un auteur.

---

3. *Ou la revue* Planète, *dont les qualités formelles expliquent en partie le succès.*

⊙ 1984 : l'apparition du Macintosh

Après quelques années de « maladie de jeunesse », la jeune firme Apple commercialise un micro-ordinateur révolutionnaire, dont les performances dépassent celles des meilleures photocomposeuses, et qui se commande par de simples impulsions sur un clavier et par les déplacements d'une souris face à un écran de bureau. Alors que l'encombrement de la Lumitype et de ses successeurs confinait ces machines dans les imprimeries ou les centres de composition, les dimensions réduites du Mac l'apparentent à un matériel de bureau ; les premiers exemplaires seront acquis par des graphistes devenus à la fois compositeurs, metteurs en pages et tireurs d'épreuves.

La chaîne traditionnelle de composition des textes se retrouve considérablement simplifiée. Parmi ces nouvelles possibilités graphiques, certaines se révèlent utiles, heureuses, mais d'autres, au contraire, inutiles, voire nuisibles. Ce qui me conduit au second point de cette introduction.

Ce nouveau manuel typographique se veut fonctionnel. Quelle est la fonction d'une « chose imprimée » ? Être lue. D'où le corollaire : les règles typographiques devraient être définies à partir du processus de lecture. Or, l'étude scientifique de ce processus est récente. Cet asservissement de la typographie à la lecture n'exclut pas pour autant la recherche d'une beauté de la page. Mais celle-ci ne doit venir qu'en second. Et, bien évidemment, la réussite dans la réalisation d'une « chose imprimée » est celle qui aura combiné ces deux facteurs : fonctionnalité et esthétique. La fonctionnalité conduit inévitablement à l'étude des rapports entre cette lecture et son support – un texte imprimé –, c'est-à-dire au concept de lisibilité, la première qualité d'une « chose imprimée » étant son aptitude à être lue sans effort particulier et avec efficacité.

Le présent manuel distingue deux types de lisibilité : la lisibilité correspondant à la lecture intégrale des lignes d'un texte ou *microlisibilité* ; une seconde lisibilité correspondant à la vision de l'ensemble d'une page ou *macrolisibilité*. L'étude de cette dernière était de peu d'importance dans le passé quand la « chose imprimée » était rare, constituée généralement par des pages uniformes de livres. Elle est devenue capitale en notre période d'inflation de la communication, où les concepts de stratégie de lecture et de lectures rapides et même partielles sont devenus capitaux et devraient donc engendrer des structures typographiques adaptées et fonctionnelles.

11

Quelques notions en relation avec la pratique typographique

La typographie est, certains diront un art, d'autres une technique <u>utilitaire</u>. Il n'existe pas de réalisation typographique pure, en soi, telle celle d'une peinture de chevalet. Le contexte pratique dans lequel elle s'inscrit doit donc être connu, mais aussi accepté. C'est pourquoi il m'a paru utile de commencer ce manuel en évoquant rapidement quelques-uns des facteurs en interactions constantes avec les réalisations typographiques. Dans cette perspective, j'aborderai notamment et sommairement les notions de chaîne préparatoire, de manuscrit, de code typographique, de devis, de copie, d'épreuve, de traitement de texte, de PAO, etc., telles qu'elles se concevaient autrefois et telles qu'elles ont cours aujourd'hui.

⊗ Chaîne préparatoire

La chaîne préparatoire est la suite des opérations qui relient traditionnellement le manuscrit à la mise en page. Contrairement à ce qu'un profane imagine, elle est relativement complexe. Notons cependant que plusieurs, parfois même tous les stades peuvent ne devenir qu'un et être exécutés par une seule et même personne.

⊗ Manuscrit

Le manuscrit est le texte fourni par l'auteur. Autrefois, il était soit écrit manuelle-ment, soit – le plus souvent – dactylographié sur une machine à écrire ou sur une machine à traitement de texte. Dans ce dernier cas, il pouvait être enregistré sur une disquette informatique. Aujourd'hui, il est fourni quasi systématiquement sur support numérique (CD-Rom, clé USB...) ou transmis directement, en fichier atta-ché, par messagerie électronique.

Mais ce manuscrit – tel quel – n'est pas apte à être reproduit directement sous une forme imprimée. Il doit obligatoirement être « mis au point » et sur le plan linguistique et sur le plan typographique.

Mise au point linguistique

Il est rare qu'un auteur, emporté par la pulsion d'écriture, ne commette quelque faute d'orthographe ou de syntaxe. (Et j'omets ici les fautes dues à ses ignorances.) Toujours emporté par le même élan, il risque de ne pas « voir » ces erreurs au cours de ses relectures. D'où la nécessité d'une relecture et d'une correction de ses textes par un tiers qualifié, un metteur au point ou, selon la terminologie d'aujourd'hui, un préparateur de copie[4]. Celui-ci veillera en outre à unifier les conventions à la base de la présentation du texte : mots composés en italique, en capitales, guillemets, ponctuation… Cette normalisation peut être facilitée par la consultation des recueils de règles dits « codes typographiques ».

Mise au point typographique

Dans un second temps, et après accord sur une maquette de principe ou des pages types, le texte ainsi corrigé est complété par des notations typographiques dont le maquettiste (ou l'infographiste) tiendra compte lors de l'étape de mise en page : corps des caractères, justifications, interlignages, etc., opérations effectuées jadis par le secrétaire de fabrication, aujourd'hui par le préparateur de copie ou l'éditeur[5]. Toutes ces notations sont portées sur le manuscrit original ou intégrées directement sur écran. Le manuscrit a été transformé en *copie*.

Voir *Correction (signes de)*, p. 14, et *Copie et épreuve*, p. 21.

13

⊘ Code typographique

Le code typographique est un rassemblement de règles à l'usage des préparateurs de copie, des correcteurs, des éditeurs. Il définit une certaine normalisation dans la présentation linguistique des textes. Si certaines règles sont toujours valables, d'autres résultent d'habitudes ou de traditions qui ne sont pas fondées.

Les matières considérées comme relevant du code typographique sont évoquées ici dans une perspective moderne et fonctionnelle dans les articles :

Capitale	p. 43	*Italique*	p. 46
Ponctuation	p. 64	*Souligné*	p. 69
Citations	p. 120	*Nombre*	p. 63
Espace	p. 60		

Voir aussi *Coupures de mots et de nombres*, p. 61, et *Bibliographie*, p. 113.

---

4. À ne pas confondre avec le rewriter qui, sur certains textes très imparfaits, améliore ceux-ci, soit en réécrivant certaines phrases, soit même en réécrivant l'ensemble.

5. Les choses ne sont pas toujours aussi tranchées, des interférences pouvant intervenir entre les définitions des conventions linguistiques et les notations typographiques. Par exemple, quelles natures de mots compose-t-on en italique ?

❯ Correction (signes de)

Les signes de correction définissent les facteurs linguistiques et typographiques *(caractères et mise en page)* qui, portés sur le manuscrit, transforment ce dernier en une copie prête pour la mise en page.

En circuit papier

Premier stade : le metteur au point jadis, le préparateur de copie ou l'éditeur aujourd'hui, annote à la main le manuscrit en utilisant des signes de correction de nature linguistique : bonne orthographe, lettres capitales, ponctuation…

Deuxième stade : le secrétaire de fabrication jadis, le préparateur de copie ou l'éditeur aujourd'hui, porte sur ce manuscrit les signes de correction de nature typographique : famille de caractères (bas de casse, capitales, petites capitales…), style (gras, italique…), justification…

Troisième stade : lors de la relecture des épreuves, le correcteur utilisera ces mêmes signes (linguistiques et typographiques) et les inscrira à la main, de façon à signaler les coquilles éventuelles ou les fautes de mise en page. L'infographiste les intégrera.

Sur écran

Premier stade : c'est la correction directe des fautes et des défauts de nature linguistique en substituant, éliminant, ajoutant des lettres et des signes de ponctuation à celles et ceux du texte initial.

Second stade : c'est l'indication des instructions typographiques à l'aide d'un code spécial[6], dit d'« enrichissement ». En effet, les signes manuels traditionnels de correction étant absents du clavier, un autre code sera créé par le préparateur de copie ou l'éditeur, sous forme de feuilles de style.

❯ Piger ou calibrer

Piger ou calibrer consiste à calculer le nombre de signes d'un texte. Ce calcul doit être effectué à partir du manuscrit accepté par l'éditeur. C'est l'un des éléments nécessaires pour fixer les caractéristiques quantitatives de la « chose imprimée » :
- corps du caractère de composition ;
- nombre de lignes par page ;
- dimensions de la page ;
- nombre de pages de l'ouvrage.

---

6. J'emploie ici le nom « code », dans son sens général, sans rapport avec le code typographique décrit p. 13.

Les signes conventionnels de correction[7] (1/2)

mettre en :
petites capitales
bas de casse

grandes capitales

italique
caractère gras
lettres du corps

rectifier l'orthographe

substituer un ou
plusieurs mots

lettres ou mots

mots (même ligne)

mots (autre ligne)

lignes

lettres, mots

lignes

blanc

espaces
ligne de texte

lettres, mots

Changer pour :
Transposer :
Supprimer :
Ajouter :

Il est dimanche 26 avril ; cette lettre ne partira que mercredi ; Mais ceci n'est pas une lettre, c'est une relation que vient de me faire Moreuil, à votre intention, de ce qui s'est passé à Chantilly touchant Vatel.

Je vous écrivis vendredi qu'*il s'était poignardé* : voici l'**affaire** en détail.

Le roi arriva jeudi au soir ; la chasse, les lanternes, le clair de la lune, la promenade, la collation dans un lieu tapissé de jonquilles, tout cela fut à souhait.

On soupa ; il y eut quelques tables où du poisson manqua, à cause de plusieurs dîners où l'on ne s'était point attendu. Cela saisit Vatel ; il dit plusieurs fois : « Je suis perdu d'honneur ; voici un affront que je ne supporterai pas. » Il dit à Gourville : « La tête me tourne, il y a douze nuits que je n'ai dormi, aidez-moi à donner des ordres. » Gourville le soulagea en ce qu'il put.

Ce rôti qui avait manqué, non pas à la table du roi, mais aux vingt-cinquièmes, lui revenait toujours à la tête. Gourville le dit à Monsieur le Prince. Monsieur le Prince alla jusque dans sa chambre et lui dit : « Vatel, tout va bien, rien n'était si beau que le souper du roi. » Il lui dit : « Monseigneur, votre bonté m'achève ; je sais que le rôti a manqué à deux tables. — Point du tout, dit Monsieur le Prince, ne vous fâchez point, tout va bien. »

La nuit vient : le feu d'artifice ne réussit pas, il fut couvert d'un nuage ; il coûtait seize mille francs. Il trouve tout endormi, il rencontre un petit pourvoyeur qui apportait seulement deux charges de marée ;

À quatre heures du matin, Vatel s'en va partout,

15

© *Mémento typographique* de C. Gouriou, Librairie Hachette, 1973.

7. Gouriou C., *Mémento typographique*, Paris, Éditions du Cercle de la Librairie, 1973.

Les signes conventionnels de correction (2/2)

Divers

Retourner : { *lettres, mots*	
ligne	
Passer page précédente	
Corrections multiples	
——— *d°* ———	
Espaces à baisser	
Espacements à égaliser	
Faire suivre	
Rentrer	
Vérifier	
Alinéa	
Correction annulée	
Nettoyer	
Souligner[8]	
Aligner (sortir)	
Aligner (rentrer)	
Chasser ligne suivante	
Interligne { *à diminuer*	
à augmenter	
Mettre 1 ligne de blanc	
Passer ligne précédente	
Espace à réduire	
Espace à supprimer	
Chasser page suivante	

il lui demanda : « Est-ce là tout. » Il lui dit :
« Oui, monsieur. » Il ne savait pas que Vatel avait
envoyé à tous les ports de mer.

Il attend quelque temps; les autres pour-
voyers ne viennent point; sa tête s'échauffait, il
croit qu'il n'a point d'autre marée; il trouve
Gourville, et lui dit : « Monsieur, je ne survivrai pas à
cet affront-ci; j'ai de l'honneur et de la réputation à
perdre. »

Gourville se moqua de lui.

Vatel monte à sa chambre, met son épée contre
la porte, et se la passe au travers du cœur; mais
ce ne fut qu'au troisième coup, car il s'en donna
deux qui n'étaient pas mortels : il tombe mort. La
marée cependant arrive alors de tous côtés; on
cherche Vatel pour la distribuer; on va à sa
chambre; on heurte, on enfonce la porte; on le
trouve noyé dans son sang; on court à Monsieur le
Prince, qui fut au désespoir. Monsieur le Duc pleura :
c'était sur Vatel que roulait tout son voyage de Bour-
gogne. Monsieur le Prince le dit au roi fort triste-
ment : on dit que c'était à force d'avoir de l'honneur en sa manière; on le loua fort, on loua et blâ-
ma son courage.

Le roi dit qu'il y avait cinq ans qu'il retar-
dait de venir à Chantilly, parce qu'il comprenait l'excès de cet embarras. Il dit à Monsieur le Prince qu'il
ne devait avoir que deux tables et ne se point
charger de tout le reste. Il jura qu'il ne souffrirait
plus que Monsieur le Prince en usât ainsi; mais
c'était trop tard pour le pauvre Vatel.

NOTA. — En définitive, toutes les corrections s'indiquent par combinaison de quelques signes. Les signes indiqués à l'emplacement même de la correction sont toujours répétés en marge, pour attirer l'attention du compositeur.

Repérage : / *pour une lettre,* H *pour un groupe de lettres.*

Exécution : ∂ *supprimer,* ⌐ *ajouter,* Ƹ *retourner,* ΙΛ *transposer,* ⌒ *rapprocher,* ⌐ *chasser.*

© *Mémento typographique de C. Gouriou, Librairie Hachette, 1973.*

8. *Proposition de l'auteur.*

16

L'usage, inspiré des formules de rémunération des compositeurs, était de considérer comme signe chaque lettre ainsi que le blanc séparant deux mots. Étant donné qu'un mot contient en moyenne 5,5 de ces signes, il est plus simple de calculer directement en mots, en comptant le nombre moyen de mots par ligne (par exemple sur dix lignes), le nombre de lignes par page du manuscrit et le nombre de pages de celui-ci.

L'ordinateur calcule bien sûr aujourd'hui automatiquement le nombre de signes et le nombre de mots total du manuscrit, ce qui libère auteurs et éditeurs du caractère fastidieux inhérent à cette procédure.

⊙ Format de page

Commençons cet article par un peu de terminologie :

- *page* : la face (recto ou verso) du feuillet de la « chose imprimée »[9] ;
- *feuillet* : le rectangle en papier constituant l'unité matérielle du livre ou du périodique (soit du codex). Sa face recto et sa face verso constituent donc deux pages :
  - la première page est dite *bonne page* avec une foliotation impaire : 1, 3, 5…
  - la seconde page est dite *mauvaise page* avec une foliotation paire : 2, 4, 6…
- *feuille* : c'est le rectangle de papier constituant l'unité d'impression. Il permet généralement d'imprimer 4, 8, 16, 32, 64 pages, soit 2, 4, 8, 16, 32 feuillets.

Revenons à la page. Ses dimensions résultent de facteurs de natures fonctionnelle, culturelle, économique et esthétique.

Facteurs fonctionnels

Un ouvrage conçu pour être consulté fréquemment sera d'un format plus maniable, donc plus petit, qu'un ouvrage de référence, mais comprendra par compensation plus de pages. Ainsi, le *Petit Robert* comparé à l'un des tomes du *Dictionnaire alphabétique et analogique de la langue française*. Un livre conçu pour être lu notamment au cours de voyages sera d'un format encore plus petit. C'est le cas du livre au format de poche. Un ouvrage à la mise en page complexe (avec illustrations, tableaux, notes marginales…) appellera un format de type carré plutôt que de type oblong. C'est le cas de certains manuels scolaires.

---

9. *Définition opérationnelle, non contradictoire avec la définition structurale de la p. 25.*

Facteurs culturels

La notion de valeur d'un ouvrage imprimé est liée, chez la plupart des acheteurs, à celle d'écart par rapport à la norme. Ainsi, les livres dits « de bibliophilie » seront toujours d'un très grand format et cela sans aucun avantage de qualité. Ou alors des livres dits « précieux » seront d'un petit format, mais exagérément allongé. Tous formats pour des pseudo-livres, des objets, à voir et surtout à faire voir et admirer, qui ne sont généralement pas lus, ou ne pourront l'être que malaisément.

Facteurs économiques

Le choix du format de la page est lourd de conséquence quant au prix de revient de l'ouvrage. Celui-ci sera fonction du format du papier d'impression et du format du matériel d'impression.

Le papier d'impression: afin d'éviter, à l'impression, les pertes de surfaces dites « chutes », le format de la page doit être un sous-multiple de celui de la feuille d'impression : 1/2, 1/4, 1/8, 1/16, 1/32, 1/64...

Mais cette feuille d'impression peut être de papier en stock ou de fabrication. Dans le premier cas, il est disponible chez un grossiste. Dans le second cas, il aura été fabriqué spécialement pour l'éditeur. Son prix de revient – à qualité égale – sera alors inférieur de 20 à 25 % ; mais il aura fallu une commande d'au moins trois tonnes de papier et un délai quelquefois assez long. Ce qui exige soit de gros tirages, soit des prévisions de retirages, soit, dans le cas de petits tirages, une standardisation des formats des imprimés.

Il existe des familles de formats des feuilles d'impression – normalisées ou traditionnelles – qu'il est bon de connaître :

- ISO A4   21 × 29,7 cm
- ISO A3   42 × 29,7 cm
- ISO A2   42 × 59,4 cm
- coquille (ou carré)   45 × 56 cm
- raisin   50 × 65 cm
- jésus   56 × 76 cm
- colombier   60 × 80 cm
- double raisin   70 × 102 cm

Les formats des pages imprimées sont alors des sous-multiples des formats de ces feuilles.

Le matériel d'impression: l'objectif était à l'origine d'utiliser la pleine surface disponible, donc celle de la presse: rotatives typographiques, héliogravure. Le format de la feuille d'impression devait être aussi proche que possible de celui de la machine. Que de fois des ouvrages qui, s'ils avaient deux millimètres de moins de hauteur, auraient pu être imprimés sur le même matériel, par feuille de 64 pages au lieu de 32… avec un coût d'impression de moitié! Le marché a ensuite été conquis par les rotatives offset, qui, beaucoup plus souples, s'adaptent à la nature des travaux à réaliser (formats, etc.), les presses numériques, qui récupèrent des données numérisées, les rotatives Timson, conçues pour répondre à la demande de variabilité des formats, etc.

Facteurs esthétiques

Contrairement aux croyances inspirées par les traditions du nombre d'or, il n'y a pas de proportion idéale entre la largeur et la hauteur des pages. Toutes les proportions peuvent être « belles » à voir: ce sont les rapports entre la surface de la page de papier et sa surface imprimée qui se révèlent plus ou moins heureux. Entre ces deux surfaces: les blancs des marges, dont les proportions se révèlent, elles, essentielles.

Voir *Marges ou blancs périphériques,* p. 97.

⊙ Préparation visuelle

Pour des ouvrages assez complexes, la préparation visuelle comprenait trois stades, matérialisés par trois documents.

La prémaquette, dite aussi « lay-out »

Ébauche de page de l'ouvrage établie par le maquettiste tout au début de l'élaboration de l'ouvrage, la prémaquette pouvait jadis être établie au crayon, à l'encre ou à la gouache. Aujourd'hui, elle est créée directement sur écran.

La maquette

Version élaborée de la prémaquette, la maquette s'en distinguait par une exécution plus soignée et par l'indication de toutes les spécifications typographiques: styles de caractères, corps, justifications, interlignages, dimensions des marges, etc. Lorsqu'il s'agissait de pages courantes, la maquette donnait lieu à la réalisation d'une page type. Lorsqu'il s'agissait de pages spéciales – la page de titre, par exemple –, elle servait d'instruction au typographe et au metteur en page.

Aujourd'hui, la maquette PAO comporte des feuilles de style que l'infographiste ne fait ensuite qu'appliquer.

La page type finalisée

Épreuve du modèle de composition et de mise en page d'une page courante du futur livre, la page type finalisée servait auparavant de base à la prévision du nombre de pages de ce livre, à l'établissement du devis de fabrication, ainsi que d'exemple à suivre pour les ateliers de composition et de mise en page.

Tout se fait aujourd'hui, bien entendu, sur ordinateur, en une seule étape, l'infographiste faisant valider son travail par l'éditeur.

⊙ Nombre de pages

Le nombre de pages est évidemment lié à l'importance du manuscrit, qui devra être calibré, au format choisi et aux caractéristiques de la composition : choix des caractères, chasse, justification, interlignage…, mais il est aussi fonction de l'imposition[10]. Le nombre de pages le plus économique est constitué de la somme des doubles des pages d'une même imposition, correspondant à un calage de la presse.

Exemple : si la presse imprime par feuilles de 32 pages recto[11], le nombre de pages optimum sera :

- soit : (32 × 2) × 1 feuille = 64 pages, soit 2 calages ;
- ou : (32 × 2) × 2 feuilles = 128 pages, soit 4 calages ;
- (32 × 2) × 3 feuilles = 192 pages, soit 6 calages.

Alors que, pour un ouvrage de 92 pages, il faudra :

(32 × 2) × 1 feuille = 64 pages, soit 2 calages ;
(8 × 2) × 1 feuille = 16 pages, soit 2 calages ;
(4 × 2) × 1 feuille = 8 pages, soit 2 calages ;
(2 × 2) × 1 feuille = 4 pages, soit 2 calages.

Soit 8 calages, plus que pour 192 pages[12].

Voir *Format de page*, p. 17.

10. *Imposition : assemblage des pages d'un imprimé, qui sont tirées ensemble sur la même face d'une feuille dans le cas d'une presse à feuille, ou d'une bande de papier dans le cas d'une rotative.*

11. *Il est à noter que ce calcul fonctionne pour une impression en quadrichromie. Pour ce qui concerne l'impression en une couleur ou en noir, elle s'effectue essentiellement sur des machines à retiration, c'est-à-dire qui impriment en recto-verso.*

12. *Si ces calculs sont en principe avérés, soulignons que, dans la réalité, les imprimeurs impriment 3 × 32 pages = 96 pages. Ils passent donc par 3 calages, et suppriment 4 pages, sauf si le tirage est trop important.*

⊙ **Devis**

Il n'est pas possible, sauf dans le cadre du mécénat – et encore – de séparer dans les activités graphiques les facteurs de nature typographique et ceux de nature économique. L'article *Format de page* (p. 17-19) en donne un exemple. D'une façon plus générale, une préparation élaborée de la « chose imprimée » évite beaucoup de surprises génératrices de surcoûts et de retards. D'où l'utilité des notions de copie et de maquette… D'où également la nécessité de calculer à l'avance le montant des différents postes du prix de revient de la « chose imprimée » et d'établir un devis.

⊙ **Copie et épreuve**

La *copie* désigne le manuscrit une fois « préparé » par le préparateur de copie, c'est-à-dire une fois que ce dernier a inscrit toutes les indications typographiques qui permettront à l'infographiste de travailler la mise en page.

L'*épreuve* est la reproduction du texte mis en page à l'intention des relectures et corrections de l'auteur, du correcteur et de l'éditeur jusqu'à l'ultime bon à tirer (BAT).

Jadis, on distinguait :

- *l'épreuve en placard* : empilage de lignes composées indépendamment de leur répartition en page ;
- *l'épreuve en page* : présentation de chaque page complète ;
- *l'épreuve d'imposition* : présentation de montages de pages destinées à l'impression, généralement par 8, 16, 32 ou 64 pages. En pliant cette épreuve, on obtenait une structure codex qui devenait celle de l'ouvrage définitif.

Aujourd'hui, trois jeux d'épreuves se succèdent, chacun présentant la mise en page complète et s'enrichissant des corrections successives.

Précaution : il paraît courtois et prudent d'envoyer systématiquement à l'auteur les épreuves de son texte sur papier afin qu'il y note ses propres corrections.

| Voir *Correction (signes de)*, p. 14.

Illustrations

Le résultat des opérations de photogravure est matérialisé par une épreuve noire ou couleur. Ce peut être :

- une véritable épreuve imprimée avec des encres (ce qui se fait de moins en moins couramment, sauf pour les ouvrages de luxe) ;

21

- un document photographique pour la couleur, dit « chromalin » ou « *match-print* », obtenu plus rapidement et plus économiquement.

Attention : dans le premier cas, exigez que le papier de l'épreuve soit le même que celui de l'impression finale. Sinon, vous pourriez être la victime de surprises désagréables.

Voir aussi *Correction (signes de)*, p. 14.

⊙ Correcteur d'épreuves

Le correcteur d'épreuves est le professionnel qui s'assure qu'une épreuve, sur papier ou sur écran, est conforme à la copie. S'il existe des erreurs (et il en existe toujours), il note sur cette épreuve les corrections à exécuter. Au sein d'une maison d'édition, les fonctions de préparateur de copie et de correcteur d'épreuves peuvent être assumées par la même personne.

Voir *Manuscrit*, p. 12, *Code typographique*, p. 13, *Correction (signes de)*, p. 14, *Copie et épreuve*, p. 21.

⊙ En résumé

À l'ère de la photocomposition

- Le *manuscrit* était écrit à la main par l'auteur.
- Sa version dactylographiée devenait la *copie*.
- Les metteurs au point y notaient les corrections grammaticales, les corrections stylistiques et les instructions de composition.
- La composition du texte était réalisée en *placards* sur Monotype ou Linotype.
- Un correcteur relisait ces placards et les annotait.
- Les corrections correspondantes et la mise en page étaient effectuées.
- Les pages étaient relues et corrigées.
- La copie annotée était envoyée à l'auteur qui y apposait son bon à tirer (BAT).
- L'imposition intervenait selon le format et la presse.
- Enfin, on procédait à l'impression.

À l'ère de la publication assistée par ordinateur (PAO)

- La composition du texte est effectuée par l'auteur sur Mac ou PC.
- Le manuscrit, dit aussi *tapuscrit* (puisque tapé à l'ordinateur), est remis à l'éditeur sur support numérique (il peut être également envoyé en fichier attaché par messagerie électronique).
- La correction du manuscrit est réalisée par le préparateur de copie ou l'éditeur.

- Le manuscrit annoté est renvoyé à l'auteur pour corrections et validation.
- Les observations de l'auteur sont prises en compte, s'il y a lieu.
- La mise au point, avec instructions typographiques, ou *préparation de copie*, est réalisée par le préparateur de copie ou l'éditeur.
- Le manuscrit est envoyé, avec instructions typographiques, à l'infographiste pour mise en page.
- Trois jeux d'épreuves sont envoyés à l'éditeur et au correcteur par l'infographiste.
- Le premier jeu d'épreuves est envoyé à l'auteur, par l'éditeur.
- Le correcteur et l'éditeur corrigent les différents jeux d'épreuves.
- Les fichiers informatiques sont mis au point par l'infographiste.
- Le bon à tirer (BAT) est validé par l'éditeur.
- Le BAT est envoyé au photograveur pour flashage des films ou à l'imprimeur pour impression en CTP (les logiciels d'impression permettent aujourd'hui d'insoler directement à partir des fichiers une forme imprimante nommée *computer to plate* ou CTP).

Encore n'ai-je décrit ici que le circuit « correct » de fabrication. Chez certains éditeurs, en effet, aucun jeu d'épreuves n'est proposé à l'auteur. Et, pire encore, chez d'autres, sa copie est envoyée directement à l'imprimeur sans les opérations intermédiaires citées plus haut. Certains auteurs, de leur côté, peuvent encore envoyer à l'éditeur un manuscrit écrit à la main ou dactylographié ; c'est l'éditeur qui fera saisir le manuscrit et fabriquera la copie.

⊙ De nouvelles règles de composition et de mise en page

Le passage de la page à l'écran peut être l'occasion de réflexions sur certaines règles traditionnelles de composition et de mise en page qui, sans fondement psychologique et esthétique, sont opposées aux lois de la lisibilité. L'approche visuelle de la « chose imprimée » est en effet aujourd'hui bouleversée par presque vingt ans de liberté typographique. Les perceptions des caractères ont été révolutionnées par la liberté graphique conquise grâce à l'ordinateur. Les nouveaux matériels offrent des libertés qu'interdisait[13] la « technique plomb » : mélanges de styles de caractères,

23

---

13. Ou qui n'étaient possibles qu'au prix d'opérations manuelles extrêmement complexes et coûteuses, réservées seulement à quelques titres de bibliophilie.

déformations de ceux-ci (étroitisation, élargissement, engraissement, inclinaison, etc.), architectures de pages complexes, voire baroques… Ce qui débouche sur les nouvelles règles de mise en page traitées p. 76 et suivantes. Je pense également aux règles de ponctuation, aussi subtiles qu'inutiles, critiquées p. 64-68. L'avènement du Web est une autre révolution, la lisibilité de la page Internet fonctionnant avec des règles qui lui sont propres. Si le parcours d'une page papier à la suivante et le feuilletage correspondent à des déplacements horizontaux de gauche à droite, ces déplacements sont, sur un écran, verticaux. On se référera à la partie « Typographie et mise en page sur écran » d'Olivier Binisti, p. 131-178.

Les treize concepts à la base d'une théorie typographique

Page : système à deux dimensions, communiquant des symboles[14] visuels.

Typographie : règles de construction de ces systèmes.
Sa finalité :
1. fonctionnelle ;
2. esthétique.
Elle peut être invisible ou structurée.

Typographie invisible : celle des textes de fiction.
Elle s'interdit la moindre variation typographique non spécifiée par l'auteur, sur les mots, phrases, paragraphes, chapitres du manuscrit. Elle est généralement composée en un seul caractère de labeur en romain, en bas de casse, de corps 9 à 14, mais devrait être suffisamment aérée pour permettre au lecteur une lecture partielle – si tel est son désir[15].

Typographie structurée : celle des textes d'information.
Son organisation est généralement complexe, conçue au service du lecteur et de sa stratégie ; celui-ci peut choisir l'ordre et les modes de sa lecture : intégrale, d'écrémage, sélective, de recherche… La typographie structurée peut utiliser plusieurs familles de caractères, en plusieurs corps et en plusieurs graisses.

L'une et l'autre de ces typographies sont constituées de blocs typographiques.

Bloc typographique : texte présentant une certaine homogénéité quant à son sujet ou à sa forme. Visuellement, il se définit :
• parfois par ses différences, ses oppositions par rapport aux textes qui le suivent et le précèdent[16] (par exemple, un résumé composé en caractères gras) ;

---

14. Symbole *étant entendu au sens large : celui de Shannon, et non celui, plus restrictif, de Saussure.*

15. *« Bonheur de Proust : d'une lecture à l'autre, on ne saute jamais les mêmes passages », Barthes R.,* Le Plaisir du texte, *Paris, Le Seuil, 1973.*

16. *Tout comme en linguistique, les éléments du langage sont définis par leurs « différences », leurs « oppositions ».*

- toujours par une rupture par rapport à ces mêmes textes, rupture marquée par une justification différente, un encadré, un blanc important[17] (par exemple, un chapitre dans un ouvrage de fiction).

On peut répartir ces blocs typographiques en trois types de composition : textes suivis, jalons, secondaires.

Texte suivi : texte comprenant généralement plusieurs lignes, et le plus souvent plusieurs phrases, dont la succession correspond à un fil conducteur sémantique (par exemple, en *typographie invisible* : la page d'un roman ; en *typographie structurée* : le résumé du chapitre d'un manuel scolaire).

Texte jalon : texte d'une lettre ou d'un chiffre à une phrase, annonçant, repérant ou commentant un ou plusieurs textes suivis (par exemple, folio, titre, slogan, sous-titre, intertitre, titre courant). Composés assez souvent en capitales, ces derniers sont évidemment utilisés plus fréquemment en typographie structurée qu'en typographie invisible.

Texte secondaire : de quelques mots à quelques phrases pour éclairer un fait ou une illustration (par exemple, notes, références, légendes). Composés habituellement en petits caractères, romain, bas de casse, tous ces textes doivent être caractérisés par une bonne lisibilité micro- et macrotypographique.

Bloc informatif : extension de la notion de bloc typographique à toute unité autonome de la page – texte mais aussi illustration (ce dernier terme étant employé dans son sens le plus large, depuis le diagramme et le graphisme jusqu'à l'image en couleurs).

Microtypographie : assemblage des signes et des mots constituant un bloc typographique, en respectant les règles de la microlisibilité typographique.

Macrotypographie : assemblage des blocs informatifs et des illustrations sur une même page, en respectant les règles de la macrolisibilité typographique.

---

17. *Le blanc ou l'interlignage entre deux paragraphes n'entrent pas dans ce cas.*

Microlisibilité typographique : aptitude d'un bloc typographique à être lu aisément et sans fatigue. Les six lois principales qui la définissent sont énoncées p. 34-38.

Macrolisibilité typographique : aptitude d'une page à être analysée globalement de manière aisée afin de permettre au lecteur de choisir sa stratégie et son texte. Elle se rapporte essentiellement aux textes de typographie structurée. Les huit lois principales qui la définissent sont énoncées p. 87-88.

Les signes typographiques : la microtypographie

L'étude des caractères constituait l'objet unique des anciens manuels typographiques. Elle représente moins du tiers du présent volume. Si la forme et la matière des pierres apparentes d'une maison sont des éléments importants de sa qualité, le jeu des proportions et des volumes est aussi, sinon plus, essentiel. Il en va de même des rapports entre caractères d'une part, mise en page et structure de la « chose imprimée » d'autre part. Mais c'est dans ce premier domaine que le vocabulaire est le plus complexe et le plus spécialisé... et que les créateurs graphiques ont le plus œuvré depuis cinq siècles. Je commencerai ce chapitre par le facteur fonctionnel, donc premier : la lisibilité des caractères, mots et lignes, ou microlisibilité. Puis je présenterai les éléments constitutifs des lettres, des autres signes et de certains blancs, sans qui les assemblages de lettres ne seraient pas des mots : les approches et les espaces.

La lisibilité des lettres et des mots, ou microlisibilité

Le concept de *lisibilité typographique*[18] ne doit pas être confondu avec le concept de *visibilité*. La *lisibilité* se rapporte au <u>comportement d'un lecteur</u> en position normale de lecture : une feuille imprimée, correctement éclairée et placée à quelques dizaines de centimètres de l'œil (en fonction des caractéristiques ophtalmologiques de ce dernier). La *visibilité* se rapporte à la <u>vision limitée d'un lecteur</u> ; cette limite étant soit d'ordre métrique, soit d'ordre temporel, soit d'ordre métrique et temporel (par exemple, un panneau de signalisation routière qui doit être perçu, « lu » à la fois de loin et en un temps très court[19]).

Les règles de <u>microlisibilité</u> sont relativement simples. Elles découlent notamment d'une constatation expérimentale fondamentale : l'unité de lecture, la « forme » perçue en lecture, n'est pas la lettre mais le mot ou le groupe de mots. Assez souvent même, l'œil du lecteur anticipe les mots à venir, se bornant à un contrôle rapide et superficiel de leur existence par un processus de « feed-back ». Dans le cas du « vrai » lecteur, lire, ce n'est pas déchiffrer des signes visuels ; lire, c'est produire du sens.

---

18. Ou legibility, *à ne pas confondre avec la* lisibilité linguistique *ou* rendability, *science beaucoup plus complexe et potentiellement plus riche d'applications.*

19. *Voir Richaudeau F.,* La Lisibilité, *Paris, Retz, 1976, p. 155-159.*

Lisibilités

Trois précurseurs

• 1800

« *Anisson prit une page d'impression du système Didot et la fit exécuter avec les mêmes espacements et caractères du même corps du système Garamond. Il plaça ces deux pages l'une à côté de l'autre sur un pupitre et fit mettre les experts au-devant. Ils lurent d'abord les deux pages sans s'apercevoir d'une grande différence. Anisson fit réitérer la lecture toujours en reculant jusqu'à ce que l'on ne pût plus rien distinguer. Il arriva que la page qui fournit le plus longtemps des moyens de lecture fut celle imprimée dans le système Garamond, et qu'on la lut encore plusieurs fois en s'éloignant, après qu'on eut cessé de distinguer la page imprimée de Didot. Cette expérience, que chacun peut encore réitérer, est un fait qui décide péremptoirement la question entre les anciens et les nouveaux caractères. Mais ce n'est pas assez connaître cet effet, il faut développer ce qui le produit. Il faut examiner pourquoi l'œil tombant sur une ligne de caractères Garamond la parcourt sans obstacle et avec rapidité en s'occupant du texte, sans songer aux caractères, tandis que l'œil tombant sur une ligne Didot marche plus lentement et exerce une espèce d'inspection qui l'arrête sur les caractères au lieu de laisser l'esprit aux idées que ces caractères représentent [...]. C'est parce que Garamond a eu soin de porter la force de ses caractères dans les parties de leurs formes qui les distinguent les unes des autres, telles que les attaches; tandis que Didot a porté la force de ses caractères dans les parties de leurs formes qui sont communes à tous, telles que les jambages [...]. Il résulte de ce développement des principes de l'imprimerie que le maximum de perfection de cet art se trouve avoir été fixé par Garamond[20].* »

• 1843

« *1.– Tout lecteur devine plutôt qu'il ne lit, et l'on a de ce fait un exemple remarquable dans l'enfant qui cherche toujours à deviner plutôt qu'à lire exactement.*

2.– Une moitié de mot, un quart même d'un mot suffirait pour le faire deviner en entier.

3.– Si ce mot n'existait pas, il serait deviné par l'enchaînement du mot précédent et du mot suivant.

4.– La presque totalité des lecteurs ne lit que la partie supérieure des lignes.

5.– Cette partie supérieure, avec ses accents, suffit pour être lue très couramment, très promptement.

---

20. Citation extraite d'un discours prononcé en 1800 par l'économiste Sobry devant les membres de la Société libre des sciences, lettres et arts de Paris. Anisson était alors directeur de l'Imprimerie nationale, et son expérience est probablement la première tentative, menée dans un esprit scientifique, de comparer la lisibilité des caractères.

6.– Si les cinq faits précédents sont bien constatés et reconnus pour vrais, la partie infé-rieure des lettres est inutile[21]. »

• 1905

« Dans un important travail exécuté par M. Lamare à mon laboratoire, il a été démontré que, loin d'être continu, le mouvement horizontal des yeux pendant la lecture se fait par saccades. Le lecteur divise la ligne en un certain nombre de sections d'environ dix lettres, qui sont vues grâce à des temps de repos rythmés. Le passage d'une section à la sui-vante se fait par une saccade très vive, pendant laquelle la vision ne s'exerce pas. M. Lamare a fait de nombreuses expériences pour compter le nombre de saccades exé-cutées par ses yeux pour lire des caractères plus ou moins fins ; le comptage se faisant au moyen d'un microphone construit à cet effet par M. Verdin.

Une pointe mousse sur la paupière supérieure du sujet en expérience actionnait un micro-phone dont le son, transmis par un tube en caoutchouc, parvenait à l'oreille de l'observa-teur. Chaque saccade se traduisait par un bruit bref, tandis que le grand mouvement se faisant pour passer de la fin de la ligne au commencement de la suivante produisait un bruit plus prolongé. Avec un peu d'habitude, on arrivait à compter les saccades...

À notre grande surprise, il se trouva que le nombre de saccades restait le même quelle que fut la distance de l'observateur au livre. Cette distance n'avait donc aucune influence sur la grandeur absolue des sections, mais la grandeur angulaire des sections de ligne imprimée dont la lecture se faisait sans mouvement des yeux était inversement propor-tionnelle à la distance du livre[22]. »

Des erreurs, des affirmations, des découvertes fécondes pour comprendre le processus de lecture

• Nous ne possédons pas les comptes rendus détaillés des expériences d'Anisson, mais nous savons qu'un texte composé en caractères courants de dimension moyenne (en corps 9) peut encore être lu lorsqu'il est placé à un mètre environ de l'œil du lecteur. Mais ce même lecteur, hors du laboratoire, lit ce texte en le plaçant à environ 45 cm de ses yeux. Dans le premier cas (distance maximum de l'ordre de un mètre), le lecteur déchiffre avec peine le texte, situé à la limite de sa visibilité. Dans le second cas (distance optimale de

---

21. *Extrait d'une plaquette concernant le brevet déposé par un ancien notaire, maître Leclair : Réduction de moitié de tous les frais d'impression des livres journaux, Paris, Imprimerie Panckoucke, 1843.*

22. *Ce texte est extrait de l'ouvrage Psychologie de la lecture et de l'écriture, écrit en 1905 par Émile Javal, membre de l'Académie de médecine, directeur honoraire du laboratoire d'ophtalmologie de la Sorbonne.*

l'ordre de 45 cm), ce même lecteur prend connaissance d'un texte sans effort particulier, dans des conditions normales de lisibilité. Les expériences d'Anisson se rapportent au premier cas, et permettent simplement de comparer les visibilités des caractères Garamond et Didot. Dans le cadre des expériences menées dans le laboratoire du CEPL[23], j'avais demandé aux lecteurs ayant participé à ces recherches sur la lecture de se prêter à des épreuves de visibilité. Les résultats sont nets : on ne relève chez les sujets aucune corrélation entre leur distance maximale de lecture et leur vitesse de lecture. En particulier, notre lecteur prodige, le plus rapide, s'est révélé être celui qui réalisait les performances de visibilité les plus basses. On ne relève pas non plus de corrélation entre le temps minimal de perception des sujets (relevé au tachistoscope) et leur vitesse de lecture. Il faut donc admettre que le problème posé par la perception à longue distance de lettres ou de mots n'a pas de point commun avec celui de la lecture (lisibilité).

• Passons aux expériences de Leclair. Même si ses propositions se sont révélées irréalistes, elles se rapportent incontestablement au concept de lisibilité ; et j'aurais pu ajouter un *s* à ce dernier mot.

En premier lieu, en ce qui concerne les dessins de caractères, ce sont essentiellement les formes des parties inférieures des signes typographiques qui caractérisent leur style. Ainsi :

– les empattements des Garamond sont triangulaires $\boxed{\mathbf{A}}$;
– alors que ceux des Didot sont constitués par un mince filet horizontal $\boxed{\mathbf{A}}$;
– tandis que les Arial n'en possèdent pas $\boxed{\mathrm{A}}$.

On pourrait en déduire – puisque ces dessins qui caractérisent les styles sont inutiles en lecture – que les différents styles typographiques n'ont pas de rapport avec leur lisibilité et qu'ils n'ont de valeur qu'au plan esthétique. Ce sujet est traité plus loin de manière plus scientifique (p. 32 et suiv.).

En deuxième lieu, si un lecteur comprend les textes ainsi écrétés, et s'il les lit (au sens plein de ce dernier mot), c'est qu'il ne procède pas par une perception successive de chacune des lettres qui le composent. En effet, il ne saurait par exemple distinguer un $\boxed{g}$ d'un $\boxed{q}$ ou un $\boxed{b}$ d'un $\boxed{h}$.

Il reconnaît donc chaque mot globalement ; ce mot constitue alors l'unité de lecture. Je reviendrai également sur ce sujet p. 33.

23. Richaudeau F., La Lisibilité, *Paris, Retz, 1976.*

31

En troisième lieu, Leclair va encore plus loin. Il affirme que les mots à venir sont devinés par l'enchaînement des autres mots qui l'accompagnent. La lecture ne serait alors pas seulement une suite de perceptions globales, mais s'apparenterait à un véritable processus de production linguistique : un mot « lu » étant fonction ou dépendant d'autres mots, passés ou à venir. Ce qui – au plan de la recherche – nous ferait passer d'une lisibilité typographique à une lisibilité linguistique, avec le concept fondamental d'anticipation.

• Et terminons par l'expérience décrite par Émile Javal, en notant qu'il existe un moyen typographique pour simuler l'éloignement ou le rapprochement du texte par rapport aux yeux du lecteur : c'est l'utilisation de caractères plus ou moins gros – les typographes diraient « par l'utilisation de corps différents ». On pourrait alors en déduire que le processus de lecture et la lisibilité typographique ne sont pas influencés par les dimensions des caractères, du moins tant que ces caractères sont assez gros pour dépasser un seuil de visibilité. Hypothèse confirmée par les expériences modernes.

• Des expériences modernes

Depuis trois quarts de siècle, des universités, des laboratoires, des centres de recherche ont entrepris, dans les pays occidentaux, de nombreuses – et sérieuses – expériences concernant le processus de lecture et son corollaire, la lisibilité. Comme noté plus haut, il convient cependant d'ajouter un *s* au mot « lisibilité » ; ce dernier concerne en effet trois disciplines distinctes, classées ici en fonction de leur complexité :
- la lisibilité microtypographique ;
- la lisibilité macrotypographique ;
- la lisibilité linguistique.

– La lisibilité microtypographique
On trouvera p. 34-38 des règles de lisibilité microtypographique conforment aux réflexions qui précèdent.

– La lisibilité macrotypographique
Les mots, les phrases… Comment les déposer sur la page blanche du livre, du périodique ou de l'écran de façon à ce qu'ils soient les plus utiles possible au lecteur ? J'utilise ici l'adjectif « utile » dans son sens le plus large : au-delà de la reconnaissance d'un caractère, d'un mot, d'une phrase, dans le sens de guide de la stratégie de lecture, ou comme complément de cette lecture.

La lisibilité macrotypographique est un secteur dont plusieurs lois sont, de nos jours, souvent ignorées par les entreprises françaises d'édition, ces dernières appliquant parfois encore des règles en vigueur à l'époque de la « composition plomb ». Or, ces dernières sont gênantes pour une lecture efficace, alors que l'ordinateur permet une typographie adaptée aux servitudes de lecture moderne. On trouvera p. 87-88 plusieurs articles se rapportant aux principaux sujets de lisibilité macrotypographique.

– La lisibilité linguistique

La lisibilité des mots : les recherches expérimentales menées en laboratoires de psycho-linguistique ont montré que les mots les plus lisibles sont :
- les mots personnels, par lesquels chacun d'entre nous se sent concerné (par exemple, « embrasser », « grand-mère ») ;
- les mots vivants, impliquant l'action (par exemple, les verbes « enlever », « arriver ») ;
- les mots concrets et précis se rapportant à des réalités de la vie courante (par exemple, « acheter », « sursauter ») ;
- les mots les plus courts[24].

La lisibilité des phrases : une phrase sera mieux comprise et mieux retenue si :
- elle traite des sujets cités plus hauts ;
- sa structure stylistique est dite « récursive à droite », par opposition à une structure énumérative s'opposant à toute anticipation ;
- elle comprend un ou plusieurs mots-outils fonctionnels (« qui », « parce que », « dont »…) favorisant cette anticipation[25].

Par contre, nuiront à sa lisibilité :
- un langage trop abstrait ;
- des énumérations (au-delà d'une seule) ;
- le verbe en fin de phrase ;
- un enchâssement (suite de mots qui pourraient être mis entre parenthèses) ;
- son appartenance à une suite de phrases très courtes.

33

---

24. *Flesch M. F.,* The Art of Plain of Talk, *New York, Harper and Ross, 1945 et* How to Test Readability, *New York, Harper and Ross, 1949.*

25. *Paerson D. P., « The Effects of Grammatical on Childrens' Comprehension »,* Reading Research Quaterly, *1974-75, vol. 10, n°2.*

Les expériences et les relevés statistiques montrent que la phrase efficace moyenne d'un lecteur moyen compte <u>quinze mots</u>[26]. Dans l'ouvrage *Ce que révèlent leurs phrases*[27], je procède à une analyse quantitative des phrases de vingt-six grands auteurs. Pour deux d'entre eux, Jean Giono et Georges Simenon, la phrase moyenne compte précisément quinze mots. Quelle leçon d'adaptation de style à leurs lecteurs, voire d'humilité envers ceux-ci ! Quel modèle pour chacun d'entre nous !

_____

26. *J'insiste sur l'adjectif « moyenne », qui implique une variété de longueur.*
27. *Richaudeau F., Ce que révèlent leurs phrases, Paris, Retz, 1988.*

De nos jours, force est de constater qu'une « nouvelle lisibilité » voit le jour. Comme le dit la créatrice de caractères Zuzana Licko, « les caractères ne sont pas intrinsèquement lisibles, c'est plutôt l'habitude des lecteurs face aux caractères qui compte. Des études démontrent que le lecteur lit le mieux ce qu'il lit le plus. Ses habitudes peuvent évoluer[28] ».

Examinons sommairement les <u>principaux facteurs de lisibilité</u>.

⊙ Première loi : la dimension des caractères

Pour les adultes, à partir d'une hauteur d'œil[29] des lettres bas de casse de 1,4 mm, tous les caractères courants, dits aussi « de labeur », se révèlent également lisibles, cette lisibilité n'augmentant plus avec leurs dimensions. En moyenne, un œil de 1,4 mm correspond à un corps 8.

Chez les enfants, les chiffres suivants sont conseillés :

- 5-6 ans   œil : 3 mm   corps moyen : 16 à 18
- 7-8 ans   œil : 2,5 mm   corps moyen : 14 à 16
- 9 ans   œil : 2 mm   corps moyen : 12
- 10 ans et plus   œil : 1,7 à 2 mm   corps moyen : 10 à 12

Ces données concernent la lisibilité des caractères sur papier. Sur écran, les dimensions minimales citées plus haut doivent être majorées de 10 %.

28. *Zuzana Licko, citée in Combier M., Pesez Y., Encyclopédie de la chose imprimée, Paris, Retz, 2004, p. 47-48.*
29. *Voir la définition d'« œil », p. 40.*

> ## Deuxième loi : le dessin des caractères, le squelette

À la Renaissance, la majorité des livres italiens étaient composés en bas de casse et en italique ; seules les notes étaient composées en minuscules romaines. C'est l'inverse actuellement. On peut penser que le lecteur du XVIᵉ siècle, habitué à de tels ouvrages, lisait mieux les mots en italique que les mots en romain. Compte tenu des habitudes de lecture du lecteur occidental contemporain, on peut soutenir que :

- les mots composés en bas de casse ou minuscules sont sensiblement plus lisibles que ceux composés en capitales ;
- les mots composés en italique sont légèrement moins lisibles que ceux composés en romain.

> ## Troisième loi : le dessin des caractères, le style

Pour la composition des textes courants, les expériences les plus sérieuses menées en laboratoire ne révèlent pas de différences significatives de vitesse de lecture entre les styles de caractères de labeur. En particulier, il a été prouvé que l'existence ou l'absence d'empattement (tels ce $\boxed{\text{n}}$ et ce $\boxed{\text{n}}$) n'avaient pas d'influence sur la lisibilité des textes.

Le problème de la lisibilité des titres, sous-titres, intertitres peut se présenter différemment. En effet, il peut arriver au graphiste-typographe de choisir alors des caractères moins classiques, de facture beaucoup plus moderne, dessinés non pour de longs textes mais pour des textes courts percutants, en particulier à l'intention des publicitaires. On ne peut alors prétendre que tous ces caractères soient également lisibles comme précédemment dans le cas des caractères d'édition.

> ## Quatrième loi : la ligne justifiée ou non

Sur des lecteurs adultes, on ne relève pas de différence de comportement – en particulier de vitesse de lecture – sur des textes justifiés ou en justification libre. Le choix de l'un ou l'autre type de présentation relève donc essentiellement de considérations d'ordre esthétique.

> ## Cinquième loi : la longueur des lignes

On ne constate des réductions légèrement significatives des vitesses de lecture que dans les cas extrêmes : lignes anormalement courtes ou lignes anormalement longues.

Les dessins de caractères

SQUELETTE	CARACTÈRE	CORPS	GRAISSE
bas de casse	Romain	corps 5 corps 6 corps 7 corps 8 corps 9 corps 10 corps 12 corps 14 corps 16 corps 24	extra maigre (extra light, thin maigre (light, thin) normal (normal, regula demi-gras (semi-bold)
CAPITALE			
PETITE CAPITALE	Italique	corps 36 c. 48	gras (bold) extra gras (extra bold, bla

(typographies numériques courantes)

INTERLETTRAGE	USAGE	CLASSIFICATION THIBAUDEAU	EXEMPLES
serré		antique	Gill, Univers
	labeur	égyptienne	Clarendon, Rockwell
		elzévir	Aster, Times
étroit		didot	Bodoni, Pergamon
		anglaise	Diane
		éclairée	Fournier le Jeune
		gothique	Durer
normal	fantaisie	**normande**	Roman extra bold
		mutilée	Bifur
		ornée	Stirling
large		...	...

Figure A

⊙ Sixième loi : l'espacement des lignes

Là encore, des recherches expérimentales ne font pas ressortir d'écarts sensibles de comportement des lecteurs, suivant que les blancs entre les lignes sont faibles ou importants. Néanmoins, un <u>interlignage</u> serré (compact) réduirait légèrement la vitesse de lecture lorsque les lignes des textes sont ou très courtes ou très longues. Mais il faut tenir compte, si l'on veut approfondir ce sujet, du caractère en partie illogique des mesures typographiques. Ainsi, par exemple, la même appellation « corps 9 » s'applique à des caractères ayant des hauteurs d'œil très différents tels que :

> ce Garamond corps 9
>
> cet Aster corps 9

Ces caractères doivent naturellement être composés avec des interlignages différents.

Les signes de l'alphabet

⊙ Anatomie de la lettre

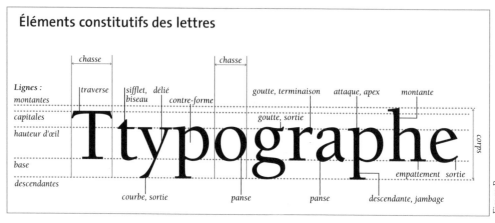

Éléments constitutifs des lettres

Figure B

⊙ Corps

La notion de *corps* s'explique historiquement par les mesures pratiquées en typographie plomb : le corps était la hauteur de la ligne de plomb qui portait le caractère ; si la ligne n'était pas interlignée, le corps était alors égal à la distance séparant les bases des caractères de deux lignes consécutives.

Par analogie, le corps d'un caractère est assimilé à sa taille et plus précisément à son œil. Mais on conçoit alors que des caractères de même corps puissent avoir des œils différents. D'où les ambiguïtés décrites à l'article *Œil*, p. 40.

Garamond corps 6	Aster corps 6
Garamond corps 8	Aster corps 8
Garamond corps 9	Aster corps 9
Garamond corps 10	Aster corps 10
Garamond corps 12	Aster corps 12

Un caractère est ainsi perçu comme grand ou petit en fonction de l'œil du caractère. Lorsqu'on le compare à l'Aster, le Garamond paraît petit parce qu'il a un œil plus petit. D'où la nécessité de veiller à employer sur une même ligne des caractères aux proportions optiques similaires.

Le corps est traditionnellement exprimé en points (voir l'article suivant). Les textes courants sont généralement composés en corps 9 à 12. Les textes secondaires peuvent l'être en corps 7, 8 et parfois moins.

| Voir aussi *Interlignage*, p. 107.

⊙ Point typographique

C'était, jusqu'à l'arrivée des ordinateurs, l'unité de mesure typographique.

En France et en Europe – à l'exclusion de la Grande-Bretagne –, il vaut 0,376 mm. Son multiple – 12 points – est appelé *douze* ou encore *cicéro* : il mesure 4,51 mm. Aux États-Unis et en Grande-Bretagne, le point mesure 0,351 mm. Son multiple – 12 points –, appelé *pica*, mesure 4,21 mm.

Le point typographique s'est, depuis, fait supplanter par le système métrique. Demeurent exprimés en points uniquement l'interlignage et le corps des caractères.

⊙ **Œil ou *x-height***

L'œil d'un caractère bas de casse correspond aux dessins des lettres de la police à laquelle il appartient et qui ne possèdent ni d'ascendantes (tel le |b|) ni de descendantes (tel le |g|). Par exemple, le |a|, le |e|, le |x|. Au sein d'un même corps, cet œil peut être relativement petit ou grand. Ainsi :

> ce Garamond corps 9 : a, c, e, i, m, n, o, r, s, u, v, w, x, z
> cet Aster corps 9 : a, c, e, i, m, n, o, r, s, u, v, w, x, z

En typographie traditionnelle plomb, l'œil était aussi défini comme la partie imprimante en relief de la lettre métallique qui recevait l'encre.

Le vocabulaire anglo-saxon appelle *x-height* la dimension verticale de cet œil, soit la hauteur d'une « lettre courte ».

⊙ **Graisse**

La graisse d'une lettre caractérise l'épaisseur de son trait. À chacune de ses valeurs correspond une dénomination :

> maigre (ou light)
> normal (ou regular)
> **gras (ou bold)**
> **extra gras (ou heavy)**

Les textes suivis de typographie invisible sont généralement composés en maigre ou normal. Le gras permet la mise en valeur de certains mots ou groupes de mots, soit au sein du texte suivi, soit en texte jalon. L'extra gras doit être utilisé très modérément ; il est surtout composé en publicité.

⊙ **Chasse**

La chasse désigne la largeur de l'œil d'un caractère. On emploie aussi ce terme pour parler de la surface qu'occupe tel ou tel caractère comparé à un autre ; par exemple, un Garamond chasse plus qu'un Times. Elle est fonction :

- de la lettre : un |m| chasse plus qu'un |n| ;
- du corps : plus celui-ci est élevé, plus la chasse est forte ;

> m m

- du dessin des caractères : serré ou étroit, normal ou large.

> m m m

Autrefois, en composition plomb, la chasse incluait aussi les approches ou blancs fixes placés à droite et à gauche de la lettre. En fait, elle correspondait à l'encombrement du bloc de plomb de la lettre. Les possibilités de souplesse de l'informatique permettent aujourd'hui de modifier ces approches, restreignant la chasse à sa définition moderne.

Les matériels modernes de composition ont permis de modifier automatiquement la forme d'un caractère en l'étroitisant ou en l'élargissant. Le résultat n'était pas toujours excellent, le caractère ayant été dessiné en fonction de sa version originale, toute réduction excessive de la chasse nuisant à la lisibilité du texte. Aujourd'hui, de nombreuses polices informatiques sont disponibles en différentes chasses : étroit, large, etc.

Voir aussi *Approche*, p. 58, et *Transformations optiques (ou électroniques)*, p. 42.

Composition du même texte

Serrée

Il est possible de modifier automatiquement la forme d'un caractère en l'étroitisant ou en l'élargissant.

Normale

Il est possible de modifier automatiquement la forme d'un caractère en l'étroitisant ou en l'élargissant.

Large

Il est possible de modifier automatiquement la forme d'un caractère en l'étroitisant ou en l'élargissant.

⟩ ## Empattement ou *Serif*

L'empattement désigne l'ornementation ajoutée à la base des *jambages* ou des *obliques* de la plupart des caractères. Je reprends ici leur classification établie par Thibaudeau : les *Elzévir*, les *égyptiennes*, les *Didot* et les caractères sans empattement relevant de la classe des *antiques* (ou *linéales*).

Elzévir   Didot   Égyptienne   Antique ou bâton

41

Lisibilité : contrairement à certains préjugés, il est prouvé que la forme d'un empattement, ou même son absence, est sans effet sur la lisibilité des caractères correspondants.

⊙ Transformations optiques (ou électroniques)

À l'âge de la composition plomb manuelle, chaque caractère plomb était le résultat d'une chaîne de fabrication en trois stades :

- la gravure manuelle d'un poinçon métallique portant en relief et à l'envers le dessin des caractères ;
- la matrice, dans un métal plus tendre – en général du cuivre –, qui, frappée par le poinçon, donnait en creux l'image du même caractère ;
- le caractère plomb obtenu en coulant ce métal – ou plutôt un alliage à base de plomb – dans la matrice.

Ainsi, dans une même famille de caractères et pour chaque lettre, il existait un poinçon pour chaque corps. Mais le dessin d'un petit corps n'était pas la réduction homothétique rigoureuse du dessin du gros corps. En effet, certaines finesses – empattement mince, oblique fine – du dessin du gros corps n'auraient plus été perceptibles en petit corps ; les détails des dessins dans les petites dimensions étaient donc « forcés ».

En composition photographique ou informatique, toutes les variantes d'un même caractère du corps 5 au corps 48 sont obtenues par réduction (ou agrandissement) homothétique d'un même et seul dessin. D'où certaines faiblesses dans la perception des caractères en petits corps.

De même, un caractère de base peut être automatiquement élargi ou étroitisé. Avec, le plus souvent, des résultats esthétiques contestables[30].

Et un reproche analogue peut être adressé aux créations par anamorphose des caractères en italique à partir de caractères romains[31].

> *Cette ligne est en Garamond italique.*
> *Cette ligne est en Garamond romain italisé.*

---

30. *Voir l'article* Chasse, *p. 40.*
31. *Voir l'article* Italique, *p. 46.*

Les cinq formes de base ou squelettes

1. Bas de casse (ou minuscule)

Son dessin: selon une majorité d'historiens de la lettre, le dessin des minuscules résulterait d'une lente évolution de l'écriture : une simplification des gestes des scribes (ou *ductus*) à partir des dessins des lettres capitales.

La lettre peut être verticale *(romain)* ou inclinée *(italique)*.

Le terme *bas de casse* est une survivance de l'ère de la composition main. Ces caractères – parce qu'ils étaient les plus utilisés – étaient placés à la partie inférieure de la *casse*, boîte plate compartimentée, où le compositeur puisait les lettres plomb.

Lisibilité: comme déjà signalé, les mots composés en bas de casse sont sensiblement plus lisibles que s'ils l'étaient en capitales.

L'évolution de l'écriture, des capitales aux bas de casse[32]

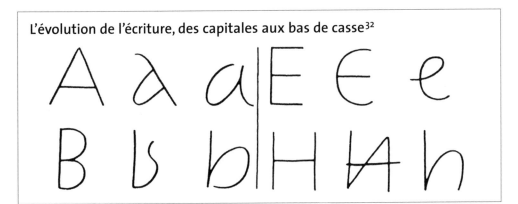

43

---

2. Capitale (ou majuscule)

Son dessin: il est issu de celui des premières écritures latines alors que les lettres minuscules, dites *bas de casse*, n'existaient pas encore. Il peut être vertical *(romain)* ou incliné *(italique)*. Sa hauteur est généralement celle d'une lettre *bas de casse* avec ascendante, tel ce B comparé à ce b.

Son utilisation: soit pour composer des mots entiers, soit comme première lettre de mots composés en bas de casse.

---

32. *Extrait de Frutiger A., Des signes et des hommes, Lausanne, Delta et Spes, 1983.*

Mots entiers : ce sont le plus souvent les titres d'ouvrages, les libellés de chapitres, éventuellement les libellés d'intertitres. Ce peut être une phrase entière (par exemple, un slogan dans un texte publicitaire). Ce sont aussi les initiales d'une entreprise, d'une marque ou d'une fonction : SNCF pour Société Nationale des Chemins de Fer Français, PAO pour Publication Assistée par Ordinateur. Ce peut être, dans un texte courant composé en bas de casse, un mot particulièrement important. Mais, dans ce dernier cas, il est conseillé de ne pas abuser du procédé.

Première lettre d'un mot : le code typographique le propose notamment :
- pour le premier mot d'une phrase ;
- pour les titres d'ouvrages, d'œuvres d'art, de journaux et périodiques ;
- pour les noms propres, prénoms, patronymes et pseudonymes (prénoms et noms) ;
- pour les noms de peuples, d'habitants de pays, de villes, etc. ;
- pour les noms géographiques et historiques (*l'Amérique*, *la Renaissance*) ;
- pour les noms de voies, de lieux, de monuments (*rue du Roule*, *jardin des Tuileries*) ;
- pour les raisons sociales, noms d'entreprises et établissements.

Ce même code prohibe notamment la première lettre en capitale :
- après un point-virgule, une virgule et des deux-points[33] ;
- pour les adjectifs caractérisant des mots commençant par des capitales (*l'Afrique noire*) ou ayant valeur d'adjectif (*la musique viennoise*) ;
- pour la particule précédant un nom nobiliaire (*la marquise de Dreux-Brézé* mais *le général De Gaulle*).

Les typographes anglo-saxons sont beaucoup moins restrictifs que les rédacteurs du code typographique français, en particulier sur les couvertures et pages de titre des livres et périodiques : si les titres sont composés en bas de casse – ce qui est fréquent, les premières lettres de chacun des mots sont en capitales. Et pourquoi pas ! Ici encore, je professe que l'on peut transgresser les règles un peu étroites du code typographique, à condition :
- de ne pas abuser de l'utilisation de ces capitales ;
- de respecter les mêmes règles tout au long d'un ouvrage, d'un périodique ou d'une collection.

44

---

33. *Dernière règle que l'on peut, selon moi, transgresser dans quelques cas.*

Son repérage : sur les copies destinées à la composition ou sur les épreuves corrigées, les lettres ou les mots en capitales sont soulignés – selon le code typographique – de trois traits continus.

Petite capitale : certaines polices de caractères comprennent une série de petites capitales, de taille plus réduite dont la hauteur est égale à l'œil d'une lettre bas de casse (par exemple, CAPITALE comparé à CAPITALE).

On peut composer en petites capitales des intertitres mineurs ou, au sein de textes suivis, des mots que l'on désire mettre en valeur, tels des noms propres. Sur les copies destinées à la composition ou sur les épreuves corrigées, les lettres ou les mots en petites capitales sont soulignés – suivant le code typographique – de deux traits continus.

Lisibilité : comme déjà signalé, les mots composés en capitales sont sensiblement moins lisibles que s'ils l'étaient en bas de casse.

Accentuation des lettres capitales : parce qu'elles sont lues moins fréquemment, mais aussi parce que leurs tracés sont parfois voisins, les lettres capitales se révèlent moins lisibles que les lettres en bas de casse. Cela est d'autant plus vrai pour les mots composés en capitales qui figurent, comme c'est souvent le cas, dans des titres ou de courtes expressions isolées, hors d'un contexte linguistique qui facilite la lecture habituelle.

Pourquoi se priver alors de ces appoints visuels que sont les points et les accents ?

ILLISIBILITE	ÍLLISIBILITÉ
ETENDRE	ÉTENDRE
ETEINDRE	ÉTEINDRE

Si, en composition plomb, il était difficile, voire impossible, de placer les accents sur les lettres majuscules, l'informatique le permet aujourd'hui sans difficulté. Les caractères accentués les plus courants – É, È, À – ont une touche qui leur est attribuée sur le clavier ; les autres nécessitent quelques frappes supplémentaires – Ë, Ô. Il existe également des logiciels qui permettent de visualiser l'ensemble des caractères et des signes de ponctuation d'une même police numérique. Suitcase,

Pop Char, Fonts (du système OSX), etc. facilitent ainsi la recherche de capitales accentuées peu usitées.

3. Romain (caractère)

Le caractère romain désigne le caractère dont les axes des lettres sont verticaux. Il s'oppose aux italiques dont, notamment, l'axe est incliné. C'est le caractère le plus utilisé dans la composition des textes suivis, à l'exception des préfaces et présentations, souvent composées en italique. Le terme « romain » s'applique et aux bas de casse et aux capitales. Dans la mesure où il s'agit du caractère le plus couramment employé, aucun signe du code typographique ne lui est affecté.

Lisibilité : comme déjà signalé, les mots composés en romain sont légèrement plus lisibles que s'ils l'étaient en italique.

4. Italique

L'italique est un caractère incliné existant en bas de casse et en capitale, qui s'oppose donc au caractère romain, dont l'axe est vertical.

Son utilisation : le code typographique propose de composer en italique notamment :

- les titres d'œuvres littéraires, artistiques, scientifiques, administratives, judiciaires ;
- les titres de journaux et de périodiques ;
- les titres d'enseignes ;
- les locutions, citations et mots étrangers (dont les mots latins) ;
- les indications de jeux de scène dans les pièces de théâtre ;
- les dédicaces.

On peut, cela se fait couramment, déborder ce cadre étroit et composer en italique notamment :

- des textes d'introduction aux textes principaux, telles des préfaces ;
- des citations (voir *Citations*, p. 120) ;
- des termes techniques ou scientifiques spécialisés et censés être peu ou pas connus du lecteur ;
- des débuts de paragraphe [un (ou des) mot(s)] commençant et définissant son contenu (surtout dans le cas de listes) ;
- des intertitres ;
- des notes marginales.

Mais tout cela à une condition : veiller à utiliser les <u>mêmes conventions</u> tout au long du même ouvrage ou de la même collection.

Son repérage : sur les copies destinées à la composition ou sur les épreuves corrigées, les mots en italique sont soulignés, suivant le code typographique, d'un trait continu.

Lisibilité : comme déjà signalé, les mots composés en italique sont légèrement moins lisibles que s'ils l'étaient en romain.

Les risques du progrès

À l'origine (à l'époque de la Renaissance), l'italique était un caractère aux dessins propres et de surcroît incliné. Ainsi dans le Garamond, ce a en romain devenait *a* en italique. Les techniques, jadis d'anamorphoses, aujourd'hui optiques et informatiques, ont conduit actuellement à simplement incliner la version romaine pour obtenir un *faux italique*. Ainsi, dans ce Garamond « moderne », ce a romain devient *a* italique. Mais la simple inclinaison automatique d'un caractère droit n'est pas toujours du meilleur effet esthétique. Surtout, le pseudo-italique de même couleur et de même rythme que le romain ne permet guère au lecteur de distinguer un mot composé en italique des mots qui l'entourent composés en romain. De plus, ces déclinaisons automatiques déforment le dessin de la lettre et sont rarement flashables, donc pas imprimables. Il existe mainte-nant de nombreuses polices numériques disponibles dont les versions en italique ont été spécialement redessinées pour être conformes aux dessins originaux : romain, italique, demi-gras, gras, extra gras, etc. Par exemple, ITC Garamond, Univers, Times, etc.

47

5. Cursive

De la rigueur du tracé de la capitale, nous sommes passés au tracé plus souple du bas de casse. Sur un autre plan, par une démarche analogue, nous sommes passés du romain à l'italique. Achevons ici cette évolution avec les cursives inspirées de l'écriture manuelle rapide, caractérisées par leur inclinaison (comme l'italique) mais aussi, et en sus, par les liens entre leurs lettres.

Pédagogie : en apprentissage de l'écriture, les pédagogues opposent ce qu'ils nomment :
- les *cursives* : lettres liées et généralement penchées ;
- aux *scriptes* : lettres bâtons, inspirées des *antiques* (ou *linéales*) verticales et non liées.

C'est une erreur de commencer cet apprentissage par les scriptes, puis de passer aux cursives. De fait, le jeune enfant n'est nullement gêné par l'écriture directe en cursive.

> Anglaise Sheilley
>
> *Da al pobre y seras feliz*
>
> Mistral de Roger Excoffon
>
> *Parce qu'elle est la meilleure*

Terminologie : ne pas confondre ces scriptes des enseignants avec les scriptes de la classification Vox-ATYPI (p. 54) qui, elles, s'apparentent, dans la plupart des cas, aux cursives décrites dans cet article.

⊘ Caractères de labeur

On appelle *caractères de labeur* les caractères créés et utilisés essentiellement pour les compositions de textes suivis. Ce qui n'empêche pas de les employer dans leurs versions en gros corps pour des titres et sous-titres dans les livres, journaux et publicités. Ils sont le contraire des *caractères fantaisie :* sobres et mesurés dans leur dessin, sans ces décorations, excroissances ou simplifications qui nuiraient à leur lisibilité en petits corps.

1. Caractère antique (dit aussi « linéale »)

C'est le nom que Thibaudeau affecte aux caractères bâtons sans empattement. Vox-ATYPI les appelle *linéales,* Novarese *linéaires* et Alessandrini *simplices.* Parmi les familles les plus connues, citons le Futura, le Gill, le Haas ou Helvetica, l'Univers.

Berthold, 1886

Ambiguïtés linguistiques : ces *antiques* étaient et sont encore appelées :
- *Sans Serif* en Angleterre ;
- *Gothic* aux États-Unis ;
- *Grotesk* en Allemagne.

Dans ce dernier pays, *Antiqua* signifie *romain* tandis que les *gothiques* s'appellent *Fraktur.*

2. Caractère égyptienne

C'est le nom que Thibaudeau affecte aux caractères à empattements rectangulaires bruts. Vox-ATYPI les appelle *mécanes*. Parmi les familles les plus connues, citons le Clarendon, le Lubalin, le Memphis, le Rockwell.

Mécane Clarendon

a f g GKR

3. Caractère Elzévir

C'est le nom que Thibaudeau affecte aux caractères à empattements triangulaires. Vox-ATYPI les appelle, suivant les cas, *humanes, réales, garaldes*. Parmi les familles les plus connues, citons les Aster, Baskerville, Bembo, Garamond, Grasset, Jenson, Perpetua, Plantin, Times.

Caractère Baskerville

a f g G K R

49

4. Caractère Didot

C'est le nom – repris de celui d'une illustre dynastie d'imprimeurs – que Thibaudeau affecte aux caractères dont l'empattement est constitué par un trait horizontal fin. Vox-ATYPI les appelle *didones*. Parmi les familles les plus connues, citons les Bodoni, Colombia, Egmont, Pergamon. Le caractère didot numérique ne comprend pas de versions maigre et grasse, ce qui explique l'absence des Didot dans les polices numériques courantes aussi bien sous Windows que sur Mac.

Caractère Bodoni

a f g G K R

⊙ Caractères fantaisie

Les caractères fantaisie sont principalement utilisés pour des titres ou de courts textes, notamment en publicité. Dans la majorité des cas, un commentaire est inutile, le dessin des lettres se suffisant en soi. Ci-après quelques types, parmi beaucoup d'autres, classés alphabétiquement.

Exemples de caractères fantaisie

Anglaises

Lettres éclairées

Lettres gothiques

Lettres mutilées

Lettres normandes
(lettres Didot
très contrastées)

Lettres ornées

Figure C

⊚ Famille de caractères

Une police de caractères désigne l'ensemble des caractères engendrés autour d'une forme de base élaborée par un créateur graphique (ou sous sa direction). Ainsi, le Times est un ensemble de caractères dessinés sous la direction de Stanley Morison :

> A B C D E F G H...   a b c d e f g h...
> *A B C D E F G H...*   *a b c d e f g h...*
> **A B C D E F G H...**   **a b c d e f g h...**
> ***A B C D E F G H...***   ***a b c d e f g h...***

Attention

Les familles dont le nom est celui d'un illustre typographe des siècles passés ne sont que des variations diverses de formes originales conçues pour une typographie plomb. Il est donc nécessaire de faire suivre le terme générique par celui de la firme éditrice, par exemple :

- le Garamond de *Deberny et Peignot* :   ABCDE   abcde
- le Garamond de *ITC* :   ABCDE   abcde

Famille et classe

La terminologie en usage étant floue, j'ai entendu dans cet ouvrage :

- par *famille* : l'ensemble des caractères définis dans cet article ;
- par *classe* : le groupe de familles appartenant à la même catégorie d'une classification typographique.

Par exemple, dans la classification Thibaudeau, la classe des *Elzévir* regroupe la famille des Garamond, Baskerville, Times, etc.

⊚ Police de caractères

Une police de caractères désigne, pour une *famille* de caractères du même *corps* et de la même *graisse*, l'assortiment complet des signes : lettres bas de casse, lettres capitales, éventuellement lettres petites capitales, chiffres, signes de ponctuation, etc. Les caractères en romain et en italique d'une même famille, dans un même corps et dans une même graisse, appartiennent à deux polices différentes.

51

⊗ Deux classifications typographiques

Dans un premier temps, la multiplication des variétés de dessins de caractères plomb et photocomposés avait conduit les théoriciens de la typographie à les grouper en *familles* (de dessins analogues) et à réunir celles-ci au sein de *classes*. Mais la multiplication des dessins de caractères plus ou moins originaux liés aux logiciels de l'informatique a rendu ces classifications non opérationnelles. On se bornera ici à n'en retenir que deux, qui paraissent les plus marquantes :

- la classification Thibaudeau, créée en 1920 par Francis Thibaudeau, chef d'atelier de la fonderie Deberny et Peignot. Elle est basée sur la forme (ou l'absence) des empattements des lettres. C'est la plus facile à employer ;
- la classification Vox-ATYPI, créée par Maximilien Vox en 1953 et adoptée par l'Association typographique internationale en 1962. Alors que la classification Thibaudeau n'est basée que sur la forme de l'empattement, la classification Vox-ATYPI fait en outre intervenir et l'histoire et le style du caractère.

L'énorme groupe des *Elzévir* de Thibaudeau est divisé en trois classes : les *humanes,* les *réales* et les *garaldes.* Un inconvénient : il n'est pas toujours facile, même pour un spécialiste, d'affecter un caractère à l'une ou l'autre de ces trois variétés, certaines *réales,* par exemple, étant très proches de certaines *garaldes.*

Un nouveau type de classification s'impose peu à peu, avec l'utilisation des fontes numériques : la classification FontFont.

Voir *Classification Thibaudeau,* p. 53, *Classification Vox-ATYPI,* p. 54.

⊗ Pour conclure

Chaque année, des dizaines de nouveaux alphabets sont dessinés avec amour par des créateurs graphiques, et sont proposés aux maquettistes et aux éditeurs. Les uns, dans le domaine du *labeur,* ne sont que des variations sur des dessins classiques, avec des différences seulement perceptibles par des spécialistes et invisibles pour les lecteurs. Les autres, dans le domaine de la publicité ou des magazines, se permettent au contraire toutes les fantaisies, toutes les transgressions par rapport aux formes classiques.

Voir *Exemples d'alphabets,* p. 55.

Classification Thibaudeau

Type ANTIQUE
ou lettre bâton, sans empattement
(Tracé phénicien)

INE ine

Type ÉGYPTIENNE
Empattement quadrangulaire brut
(Tracé grec)

INE ine

Type ÉGYPTIENNE ANGLAISE
Empattement quadrangulaire
et arrondis d'angles intérieurs

INE ine

Type ELZÉVIR
Empattement triangulaire
(tracé de la capitale romaine d'inscription)

INE ine

Type DIDOT
Trait fin d'empattement
(Caractéristique : opposition de graisse
des pleins et des déliés)

INE ine

Type HELLÉNIQUE
Empattement triangulaire et jambages
biconcaves
(Tracé au calame)

INE ine

Type TRAIT DE PLUME
À caractéristique elzévirienne
d'empattement triangulaire

JNE ine

53

Figure D

Classification Vox-ATYPI

Groupe 1 : Humanes   Aa Bb Cc Dd Gg Mm Nn

Groupe 2 : Garaldes   **Aa Bb Cc Dd Gg Mm Nn**

Groupe 3 : Réales   Aa Bb Cc Dd Gg Mm Nn

Groupe 4 : Didones   Aa Bb Cc Dd Gg Mm Nn

Groupe 5 : Mécanes   Aa Bb Cc Dd Gg Mm Nn

Groupe 6 : Linéales   Aa Bb Cc Dd Gg Mm Nn

Groupe 7 : Incises   Aa Bb Cc Dd Gg Mm Nn

Groupe 8 : Scriptes   *Aa Bb Cc Dd Gg Mm Nn*

Groupe 9 : Manuaires   Aa Bb Cc Dd Gg Mm Nn

Groupe 10 : Fractures   Aa Bb Cc Dd Gg Mm Nn

Groupe 11 : Formes non latines   کو 'سونوٹائپ' سشینوں کی

54

Figure D

Correspondance entre deux classifications typographiques

Thibaudeau	Vox-ATYPI
Antiques	Linéales
Égyptiennes	Mécanes
Égyptiennes anglaises	
Elzévir	Humanes
	Garaldes
	Réales
Didot	Didones
Helléniques	Incises
	Manuaires
Traits de plume	Scriptes
Gothiques	Fractures

Exemples d'alphabets

Lettres dessinées par Stirling, en 1843 :

Lettres dessinées par Cassandre, en 1928 :

Lettres tirées de la collection Fontek (2000) :

Figure E

⊙ Les caractères les plus fréquents en informatique
Olivier Binisti

S'il existe des versions numériques des caractères de labeur de la famille des Didot, caractères présents au XIXe siècle dans la majorité des productions imprimées, et des versions redessinées de nombreuses polices très fines, et si la PAO fait reculer les limites, il est incontestable que le <u>Web limite la reproduction écran des typographies</u>. On peut, sur une page Web, faire appel à toutes les fontes que l'on souhaite, à partir du moment où l'on en dispose sur son poste. Il demeure que si la personne « en face », l'internaute, ne dispose pas de cette même fonte, il verra le texte dans une fonte différente.

Cette liste des familles typographiques utilisables sur ordinateur n'est, bien entendu, pas exhaustive. Toutefois, elle montre que, pour les différentes familles de la classification Vox-ATYPI, des équivalents informatiques existent. Pour ce qui est de l'utilisation de ces polices de caractères dans des pages Web, les choses deviennent plus complexes. Comme cela sera développé dans le chapitre dédié à cette question (voir p. 131-178), le nombre de polices de caractères utilisables de façon universelle (c'est-à-dire que tout un chacun puisse afficher pareillement) est bien plus limité et se borne aux polices Arial et Symbol. Les autres polices de caractères fréquemment utilisées (Times, Times New Roman, Courier, Courier New, Helvetica, Geneva, MS Sans Serif, MS Serif, Chicago, Zapf Dingbats, WingDings, Palatino, Book Antiqua) ne sont pas présentes par défaut sur l'ensemble des systèmes d'exploitation. S'il les utilise, le créateur d'un site Web court donc le risque de voir ses textes s'afficher avec une autre police que celle qu'il avait prévue. Ainsi, les polices Times et Courier existent sur Macintosh®, mais pas sous Windows, qui utilise les polices Times New Roman et Courier New. Il convient donc d'être attentif à ce fait pour s'assurer une lisibilité équivalente sur tous les ordinateurs.

Voir *Tableau*, p. 57.

56

Classification Vox-ATYPI	Famille typographique équivalente sur ordinateur	
Humanes	Book Antiqua	AaBbCcDdGgMmNn
	Hadriano	AaBbCcDdGgMmNn
Garaldes	Garamond	AaBbCcDdGgMmNn
	Palatino	AaBbCcDdGgMmNn
Réales	Baskerville	AaBbCcDdGgMmNn
	Times	AaBbCcDdGgMmNn
Didones	Bodoni Poster	**AaBbCcDdGgMmNn**
Mécanes	Courier	AaBbCcDdGgMmNn
	Letter Gothic	AaBbCcDdGgMmNn
	Typewritter	AaBbCcDdGgMmNn
Linéales	Albertus	AaBbCcDdGgMmNn
	Antique Olive	**AaBbCcDdGgMmNn**
	Arial	AaBbCcDdGgMmNn
	Futura	AaBbCcDdGgMmNn
	Impact	**AaBbCcDdGgMmNn**
	Univers	AaBbCcDdGgMmNn
	Verdana	AaBbCcDdGgMmNn
Incises	Optima	AaBbCcDdGgMmNn
Scriptes	Beautiful ink	ABCDGMN
	Vladimir script	AaBbCcDdGgMm
	Young baroque	Aa Bb Cc Dd Gg Mm Nn
Manuaires	Comic	ABCDGMN
Fractures	Zenfrax	AaBbCcDdGgMmNn
Formes non latines	Symbol (grec)	AαBβXχΔδΓγMμNν
	Pro W3 (japonais)	テトコサヤウ丰ゥオヱボ
	Hebrew regular (hébreu)	נזןמםגוידשחַבוואַא

Les autres signes typographiques

Il est d'autres signes typographiques qui ne sont pas des caractères de l'alphabet, mais qui accompagnent et complètent ceux-ci, depuis le blanc placé entre les mots jusqu'au pictogramme. Je passerai successivement en revue les blancs entre lettres et mots, puis les chiffres et les nombres. Je m'étendrai plus longuement sur la ponctuation et ses signes, dont les soulignés. Puis je terminerai avec ces signes spéciaux que sont les vignettes et pictogrammes, sans oublier les filets.

⊘ Ligature

Issue des pratiques de l'écriture des manuscrits, la ligature est la réunion de deux lettres (ou plus) différenciées en un seul signe. L'esperluette (&) est ainsi très ancienne et fut adoptée par les fondeurs de caractères typographiques. La ligature est un signe typographique « en plein » et non un signe typographique « en creux », comme le sont les approches et les espaces. On en retrouve certaines dans le vocabulaire – œ, Œ, æ, Æ, etc. La plupart des polices les intègrent.

⊘ Approche

L'approche est le blanc placé entre deux lettres d'un même mot. Une approche très serrée rendrait le mot difficilement reconnaissable, tel ⌐FINIR¬ pour ⌐FINIR¬; une approche trop importante, par exemple égale à un espace-mot, n'individualiserait plus ce mot au sein du texte.

Entre ces deux extrêmes, l'approche intervient dans la composition d'un mot avec deux autres facteurs : la *chasse* et l'*encombrement* de chaque caractère.

La chasse est la largeur visible d'un caractère. L'encombrement est sa largeur invisible : celle qui, en composition main, correspondait à la largeur du bloc de plomb de la lettre, celle qui correspond à la largeur minima opérationnelle de la lettre (sa chasse plus les deux blancs fixes à sa droite et à sa gauche) dans la mémoire d'un ordinateur[34].

Figure F

---

34. *Les blancs de gauche et de droite peuvent être nuls ; dans ce cas, l'encombrement est égal à la chasse.*

58

Autrefois, trois cas pouvaient se présenter :

1. Les encombrements de toutes les lettres étaient égaux (et par voie de conséquence, les approches inégales). C'était le cas sur les machines à écrire et les
ordinateurs plus rudimentaires. Il est évident qu'à l'œil, le blanc entre le O et
le I est anormalement important.

Encombrements égaux, approches inégales

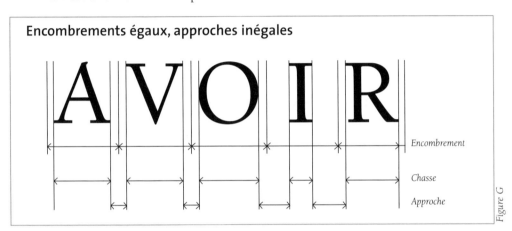

Encombrement

Chasse

Approche

Figure G

59

2. Les encombrements des lettres étaient inégaux et les approches égales.
C'était le cas sur les machines à écrire et les matériels relativement évolués. La
chasse du I étant réduite, les défauts optiques du premier cas sont réduits ;
mais le blanc entre le A et le V semble encore anormalement large.

Encombrements inégaux, approches égales

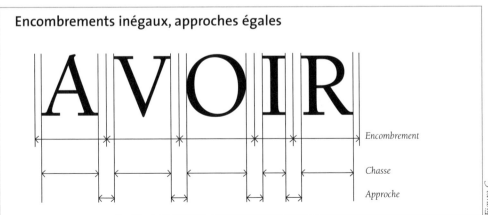

Encombrement

Chasse

Approche

Figure G

3. Les <u>encombrements</u> et les <u>approches</u> étaient les uns et les autres inégaux. C'était aisément réalisable en composition manuelle en *lettres transfert* ou en lettres découpées et avec les programmes sophistiqués de certains matériels. Ici seulement, la répartition des blancs entre les lettres est optiquement satisfaisante. Ce qui, évidemment, n'était perceptible – et donc utile – que pour des mots composés en gros corps (par exemple, des titres). Qu'il s'agisse de mots en petit ou en gros corps, il était évidemment conseillé d'éviter les excès dans un sens ou dans l'autre, aussi bien les lettres trop espacées que trop serrées.

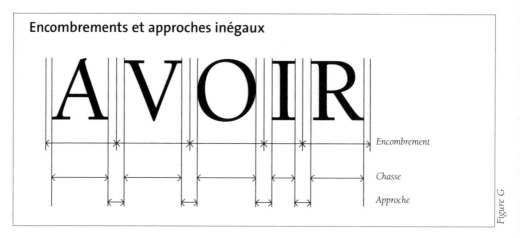

Encombrements et approches inégaux

Encombrement

Chasse

Approche

Figure G

Aujourd'hui, les logiciels gèrent les approches de manière automatique ; mais les modifications d'approches demeurent possibles.

Voir aussi *Chasse*, p. 40.

⊙ **Espace**

On appelle *espace*[35] le <u>blanc</u> placé entre les mots (et moins communément celui placé entre les lettres). Ce n'est qu'il y a un peu moins d'un millénaire que les scribes occidentaux ont, sur les manuscrits, systématiquement placé des blancs entre les mots. Ce qui a permis une <u>mutation du processus de lecture</u> ; le passage d'une lecture passive oralisante – du déchiffrement lettre par lettre ou phonème par phonème – à une lecture active, visuelle, de perception mot par mot ; souvent

---

35. *Les typographes traditionnels disent « une espace ».*

même par groupe de mots et par anticipation. L'espace normal traditionnel entre deux mots est de l'ordre de 1/3 du corps du texte, soit les 2/3 ou 1/2 de l'œil. On parle alors d'*espace-mot*. Un espace-mot trop serré compromet la lisibilité du texte, nous rapprochant des manuscrits du premier millénaire. Un espace trop grand nuit à la régularité de la couleur de la page. Mais un autre facteur intervient, lié aux fins de lignes. Celles-ci correspondent soit à des fins de mots, soit à des coupures de mots, définies automatiquement ou précisées par l'infographiste. Car la dernière lettre de la ligne ne correspond pas à la fin exacte de cette ligne ; et la différence (en plus ou en moins) sera répartie entre les espaces normaux, diminuant ou augmentant d'autant ceux-ci. L'espace réel sera donc de dimension variable d'une ligne à l'autre : à l'infographiste de veiller à ce qu'il ne s'éloigne pas trop de la perception traditionnelle notée plus haut. Bien entendu, en justification libre, les espaces entre les mots restent « normaux » et donc égaux.

Demi-cadratin   Demi-cadratin   Intermots variables, 1/3 puis 1/4   Espace fine, 1/8

Figure H

61

Voir *Coupures de mots et de nombres*, ci-dessous, *Lézarde*, p. 100, et *Justification*, p. 105.

⊙ Coupures de mots et de nombres
Les coupures de mots

Les coupures de mots sont pratiquées en fin de ligne, en composition justifiée, lorsque le dernier mot déborde la justification. Elles sont signalées par un trait d'union à la fin de la ligne en question. Plus les lignes sont longues, moins les coupures sont nécessaires (sauf dans le cas de mots exceptionnellement longs). Mieux vaut jouer sur l'importance des *espaces-mots* dont les variations seront peu perceptibles par le lecteur. La coupure des mots en fin de ligne est aussi appelée *césure* dans les principaux logiciels de mise en page. La règle préconise de ne pas avoir plus de trois césures consécutives. Le code typographique prescrit (parfois abusivement) :

- de respecter l'épellation française (par exemple, *mar/chand, déli/catesse, struc/ture, repro/graphie, télé/phone*) ;

- de ne pas isoler un segment linguistique trop court en fin et surtout en début de ligne (par exemple, *étran/ge, raccor/dé, chante/ra, a/cheter, é/tablissement*) ;
- d'éliminer la division entre deux voyelles (par exemple, *ané/antir, consci/ence, émolli/ent*) ;
- de couper de préférence entre deux consonnes redoublées (par exemple, *clas/sification, abon/nement, com/munauté*) ;
- de ne pas terminer la dernière ligne d'un alinéa avec une seule syllabe.

Les coupures de nombres

Si les nombres sont exprimés en chiffres, <u>il ne faut pas les couper</u>. De même pour les fractions, les formules, les expressions du type *95 %, 5 p. 1000*, etc. S'ils sont exprimés en mots, éviter, dans la mesure du possible, la coupure de ces mots (par exemple, *qua/rante* et même *quatre-/vingts*). En effet, l'amorce d'un mot du langage permet assez souvent au lecteur, dans le contexte de la phrase, d'anticiper la suite de ce mot. Ce qui n'est généralement pas le cas pour un nombre.

Lisibilité

Cette dernière réflexion nous conduit tout naturellement au rapport entre *coupure* et *lisibilité*. Comme déjà dit, on ne constate pas de différence de lisibilité entre des textes composés en lignes justifiées (avec coupures de mots en fin de ligne) et des textes composés en justification libre (sans coupures de mots).

Matériel

Tous les logiciels actuels, même les plus simples, incluent les <u>coupures automatiques</u>. Il convient de surveiller de près l'exécution des coupures en les paramétrant correctement.

⟩ Chiffre

Qu'un ⊡C⊡ puisse fugitivement ressembler à un ⊡O⊡, est-ce important ?
Qu'un ⊡6⊡ puisse ressembler à un ⊡8⊡, est-ce important ?

- Non, dans le premier cas, car le ⊡C⊡ ou le ⊡O⊡ ne sont jamais lus individuellement par le lecteur. Ils font partie d'un mot : « Caractère » ou « Ordinateur », et c'est ce mot qui est lu comme un tout, cette perception étant en outre facilitée par le contexte de la phrase à laquelle généralement il appartient. C'est pourquoi, notamment, on ne constate pas – au-delà d'un seuil de visibilité – de différence de lisibilité entre des lettres appartenant à des styles différents.

• Oui, dans le second cas, car, le plus souvent, le chiffre est seul ou fait partie d'un groupement de signes : d'un nombre inédit et imprévisible pour le lecteur, qui pourra alors confondre 6080 et 8060. Surtout si ces nombres sont composés dans un corps faible.

Conclusion

Choisissez des polices de caractères dont les dessins de chiffres sont suffisamment distincts. Par exemple, ce 6 et ce 8 au lieu de ce 6 et ce 8. Ou alors, composez-les dans un corps assez gros pour que toute confusion perceptive soit impossible.

⊙ Nombre : chiffres ou lettres ?

> « Deux mille un, l'odyssée de l'espace »
> « 2001, l'odyssée de l'espace »

Comme les responsables de ce célèbre film ont eu raison de composer le millésime en chiffres arabes et non en signes alphabétiques ! Mais pourquoi cet exemple n'est-il pas généralisé ? Pourquoi les nombres sont-ils presque toujours imprimés en lettres et non en chiffres ?

Quelle curieuse évolution historique dans la composition de :

M D C C L X X X I X	10 signes
1 7 8 9	4 signes
mille sept cent quatre-vingt-neuf	28 signes

« 1789 » est incontestablement l'écriture à adopter : quelle économie de place ! Quelle perception plus simple ! Quel temps de lecture plus court : de l'ordre de $1/10^e$ de seconde pour un lecteur moyen au lieu de 1/4 de seconde pour la première solution et 3/4 de seconde pour la troisième !

Avez-vous tenté de résoudre l'opération la plus élémentaire – addition ou multiplication – en substituant des mots aux chiffres ? Vous n'y parviendrez probablement pas. Sans l'emploi de ces symboles universels que sont les chiffres, les mathématiques et les sciences exactes en seraient encore le plus souvent à un stade sommaire. Imprimons les nombres rationnellement, économiquement, fonctionnellement : en chiffres.

Comment choisir ?

Selon le code typographique, on devrait composer en toutes lettres :

a) les adjectifs numéraux *(le quatrième étage)* ;

b) les fonctions employées isolément *(le dixième de la vérité)* ;

c) les âges *(trente ans)* ;

d) les distances dans le temps *(soixante-cinq ans)* et dans l'espace *(trois cents mètres)* ;

e) les durées *(deux heures)* ;

f) tout nombre, quel qu'il soit, figurant dans des vers.

Si la consigne (f) est logique – les vers étant faits pour être entendus –, vous pouvez transgresser notamment les consignes (c) et (d). Et, par respect pour les habitudes, lorsqu'un nombre commence un titre ou un paragraphe, composons-le en lettres.

Toujours selon ce même code, la numérotation en chiffres romains devrait être appliquée pour :

g) les numéros des arrondissements des villes *(le XIVe arrondissement)* ;

h) les numéros des dynasties, conciles, congrès, olympiades, salons, etc. *(le XVe congrès)* ;

i) les numéros des tomes, livres, volumes, chapitres, titres, parties, actes, scènes, documents, fascicules ;

j) les numéros des armées et régions militaires *(la Ve région militaire)* ;

k) le nombre suivant un nom de souverain *(Louis XIV)* ;

l) le numéro des siècles *(le XVIIIe siècle)*.

Oui pour les (g) et (k), non pour le (i), selon votre cœur pour les (h), (j) et (l).

|Voir aussi *Chiffre*, p. 62.

⊙ Ponctuation

La ponctuation est l'un des systèmes de signes typographiques à la fois les plus flous et les plus sous-évalués.

L'un des plus flous : parce que chaque auteur utilise ses propres règles de ponctuation. Ainsi, par exemple, Marguerite Duras n'emploie le point-virgule que 4 fois en 1 000 phrases alors qu'André Gide emploie 270 fois ce même signe pour le même nombre de phrases. En outre, les préparateurs de copie complètent assez souvent la ponctuation originale ou même la modifient. Procédés admissibles sur des écrits journalistiques écrits dans la fièvre, mais inacceptables sur des textes d'écrivains (à moins de leur soumettre ces initiatives).

L'un des plus sous-évalués : et pourtant, une bonne ponctuation pourrait aider le lecteur dans sa découverte du texte en jalonnant le texte de ces « poteaux indicateurs » que sont :

* *les points :* le passage d'une ancienne phrase à une nouvelle ;
* *les points-virgules :* semblables dans leur signification mais de moindre importance à l'intérieur de la phrase ;
* *les deux-points :* le passage d'un concept à des détails ou à une conclusion le concernant.

Espacement des signes de ponctuation

Pas de blanc	. *(point)*	intermot
Espace fine insécable	: *(deux-points)*	intermot
Pas de blanc	… *(points de suspension)*	intermot
Pas de blanc	, *(virgule)*	intermot
Espace fine insécable	; *(point-virgule)*	intermot
Pas de blanc	' *(apostrophe)*	pas de blanc
Pas de blanc	- *(trait d'union)*	pas de blanc
Espace fine	- *(tiret 1/2 cadratin)*	espace fine
Espace fine	– *(tiret cadratin)*	espace fine
Intermot	(*(parenthèse)*	pas de blanc
Intermot	[*(crochet)*	pas de blanc
Espace fine insécable	! *(point d'exclamation)*	intermot
Espace fine insécable	? *(point d'interrogation)*	intermot
Intermot	« *(guillemet français)*	espace fine insécable
Intermot	" *(guillemet anglais)*	pas de blanc

Ces « poteaux indicateurs » se révèlent particulièrement utiles en lectures modernes : intégrales, rapides, d'écrémage, de recherche. Hélas, leurs dimensions réduites se prêtent mal à un repérage visuel aisé et rapide. L'idéal serait que les créateurs et les producteurs de caractères proposent des signes de ponctuation plus visibles, donc plus gros. Dans cette attente, et sans trop d'illusions, que peut-on conseiller ?

Le point

Le code typographique conseille de toujours le coller au signe qui le précède et de le faire suivre d'un espace-mot lorsqu'il ne termine pas un paragraphe. Hélas, c'est peu pour signaler à l'œil du lecteur cette coupure linguistique capitale : la fin d'une phrase et le début d'une autre. Mais on peut, dans certains cas, renforcer sa visibilité :

1. par un espace plus important entre les deux phrases concernées : un double espace-mot, entre le point et la majuscule commençant la phrase suivante ;

2. en composant la première lettre de chaque phrase dans une graisse sensiblement plus épaisse ;

3. en allant à la ligne.

Ci-dessous, un fragment du précédent texte avec quatre ponctuations différentes.

Exemples de poteaux indicateurs

1. Ces « poteaux indicateurs » se révèlent particulièrement utiles en lectures modernes : intégrales, rapides, d'écrémage, de recherche.   Hélas, leurs dimensions réduites se prêtent mal à un repérage visuel aisé et rapide.   L'idéal serait que les créateurs et les producteurs de caractères proposent des signes de ponctuation plus visibles, donc plus gros.   Dans cette attente, et sans trop d'illusions, que peut-on conseiller ?

2. **C**es « poteaux indicateurs » se révèlent particulièrement utiles en lectures modernes : intégrales, rapides, d'écrémage, de recherche. **H**élas, leurs dimensions réduites se prêtent mal à un repérage visuel aisé et rapide. **L**'idéal serait que les créateurs et les producteurs de caractères proposent des signes de ponctuation plus visibles, donc plus gros. **D**ans cette attente, et sans trop d'illusions, que peut-on conseiller ?

3. Ces « poteaux indicateurs » se révèlent particulièrement utiles en lectures modernes : intégrales, rapides, d'écrémage, de recherche.
Hélas, leurs dimensions réduites se prêtent mal à un repérage visuel aisé et rapide.
L'idéal serait que les créateurs et les producteurs de caractères proposent des signes de ponctuation plus visibles, donc plus gros.
Dans cette attente, et sans trop d'illusions, que peut-on conseiller ?

Le point-virgule

C'est la version mineure du point ; il sépare deux parties de phrases relativement autonomes, et qui, assez souvent, pourraient l'être par un point. Ainsi, dans ce passage de *Salammbô* :

> « Les éléphants entrèrent dans cette masse d'hommes ; et les éperons de leur poitrail la divisaient, les lances de leurs défenses la retournaient comme des socs de charrues ; ils coupaient, taillaient, hachaient avec les faux de leurs trompes ; les tours, pleines de phalariques, semblaient des volcans en marche ; on ne distinguait qu'un large amas où les chairs humaines faisaient des taches blanches, les morceaux d'airain des plaques grises, le sang des fusées rouges ; les horribles animaux, passant au milieu de tout cela, creusaient des sillons noirs. »

que l'on pourrait réécrire ainsi :

> « Les éléphants entrèrent dans cette masse d'hommes. Et les éperons de leur poitrail la divisaient, les lances de leurs défenses la retournaient comme des socs de charrues. Ils coupaient, taillaient, hachaient avec les faux de leurs trompes. Les tours pleines de phalariques semblaient des volcans en marche. On ne distinguait qu'un large amas où les chairs humaines faisaient des taches blanches, les morceaux d'airain des plaques grises, le sang des fusées rouges. Les horribles animaux, passant au milieu de tout cela, creusaient des sillons noirs. »

Mais l'emploi par Flaubert du point-virgule – et non du point – lui permet de dramatiser davantage sa narration, d'épouser la percée irrésistible des éléphants au sein de l'armée des mercenaires.

Par contre, cette phrase de Jean Ferniot :

> « Pour nous qui nous trouvons à des milliers de kilomètres du Viêt-nam, pour nous qui, après avoir fait là-bas la guerre pendant huit ans, nous sommes retirés sur une cruelle défaite, pour nous qui, depuis, par la voix de nos dirigeants, condamnons avec plus ou moins de délicatesse la politique américaine en Indochine, pour nous qui observons les événements du Sud-Est asiatique avec une irritation, une impatience ou une indifférence que notre passé ne justifie pas, pour nous le président du Sud-Viêt-nam, le général Nguyen Van Thieu, représente le seul obstacle, et par conséquent un obstacle intolérable à la paix. »

gagnerait à être réécrite sous la forme suivante :

« Pour nous qui nous trouvons à des milliers de kilomètres du Viêt-nam ; pour nous qui, après avoir fait là-bas la guerre pendant huit ans, nous sommes retirés sur une cruelle défaite ; pour nous qui, depuis, par la voix de nos dirigeants, condamnons avec plus ou moins de délicatesse la politique américaine en Indochine ; pour nous qui observons les événements du Sud-Est asiatique avec une irritation, une impatience ou une indifférence que notre passé ne justifie pas : pour nous, le président du Sud-Viêt-nam, le général Nguyen Van Thieu, représente le seul obstacle, et par conséquent un obstacle intolérable à la paix. »

Si vous êtes l'auteur du texte, usez sans complexe du point-virgule. Si vous êtes préparateur de copie, proposez-le à l'auteur ou – s'il s'agit d'un texte journalistique mineur – ajoutez-le.

Les deux-points

Tout comme le point-virgule, les deux-points peuvent assez souvent être substitués à la virgule : toutes les fois qu'ils annoncent une énumération, une citation ; chaque fois qu'ils éclairent et développent une explication ou concluent une argumentation. C'est pourquoi je me suis permis de placer ce signe avant le dernier « pour nous » dans la phrase de Jean Ferniot. Et si une phrase annonce nettement une seconde phrase, n'hésitez pas à remplacer le point qui les séparerait par des deux-points.

Les guillemets

Ils encadrent une citation. Mais, dans certains cas, ils sont insuffisants pour bien repérer celle-ci.

- Les guillemets généralement utilisés en France sont dessinés ainsi : « … », et dits *guillemets français*. Entre le guillemet ouvrant et fermant français et le mot qui le suit ou le précède, s'insère automatiquement un espace insécable.
- Les guillemets dits *guillemets anglais* se dessinent ainsi : "…". Entre le guillemet ouvrant et fermant anglais et le mot qui le suit ou le précède, il n'y a aucun blanc.

Les premiers sont les plus visibles et donc à conseiller ; les seconds peuvent être utilisés à l'intérieur d'une citation pour encadrer une seconde citation intercalaire, un mot spécial, un néologisme…

Voir sur ce sujet *Citations*, p. 120.

68

Crochets

Les crochets permettent de repérer une série autonome de mots ou de signes, comprenant elle-même une autre série autonome de mots qui lui est intégrée. Trois cas sont à considérer :

1. à l'intérieur d'un premier texte entre crochets : le second texte sera encadré par deux parenthèses : [… (texte second) …] ;

2. à l'intérieur d'une citation pour signaler plusieurs mots supprimés. Ceux-ci sont remplacés par trois points encadrés de deux crochets ou de deux parenthèses : […] ;

3. à l'intérieur d'une citation pour signaler, au contraire, des mots ajoutés (par exemple, « dit-il »). Ces derniers sont encadrés par deux crochets ou deux parenthèses : [dit-il].

Souligné

Ce que voit l'infographiste n'est pas forcément vu par le lecteur. Un changement de corps, voire le passage du romain à l'italique[36], et donc le signal sémantique auquel correspondent ces changements ne seront pas toujours perçus. Par contre, un mot ou un groupe de mots souligné sera toujours remarqué. Par exemple, en lecture d'écrémage, les soulignés des mots-clés constituent les meilleurs repères pour jalonner le parcours oculaire du preneur d'information. On peut également marquer l'importance de certains mots en les encadrant ou en les tramant, ces procédés restant cependant à utiliser avec modération.

« Interdit le souligné », soutiennent bon nombre de typographes et de professeurs. Et ils avancent un argument imparable, l'absence de souligné dans toutes les grandes typographies de l'histoire éditoriale : incunables[37], ouvrages de la Renaissance, classiques, romantiques…

Et pour cause : la composition en plomb était techniquement incompatible avec la présence de soulignés. Alors que le support film et la composition, photographique autrefois, informatisée aujourd'hui, permettent l'emploi de ce signe sans aucun problème. Vive la tradition donc, sauf lorsque celle-ci n'est que l'expression de contraintes techniques disparues.

---

36. *Surtout lorsqu'il s'agit d'un pseudo-italique moderne. Voir sur ce sujet l'article* Italique, p. 46.

37. *Premiers livres imprimés avant 1501.*

Son repérage : pour la (mauvaise) raison ci-dessus, le code typographique ignore le souligné. Sur les copies destinées à la composition et sur les épreuves corrigées, repérez les mots à souligner par un souligné en traits discontinus[38].

⊙ Filet

Les filets sont des traits d'épaisseur et de profil variables utilisés :

a) pour matérialiser des séparations entre des blocs typographiques ;

b) pour encadrer des blocs typographiques ;

c) pour encadrer des schémas ou illustrations afin de les mettre en valeur ;

d) pour mettre en relation sur une même ligne des mots ou chiffres éloignés les uns des autres (par exemple, des points de suite dans une table des matières) ;

e) au titre d'élément de décoration au sein d'une page.

N'abusez pas des filets qui, dans les cas (a), (b) et (d), peuvent être avantageusement remplacés par des blancs.

Points de suite

C.8...

C.10..

C.12..

Conseil : lorsque vous réalisez des lignes de pointillés, par exemple sur des bons de commande, sélectionnez vos pointillés et appliquez-leur un corps plus petit que celui du texte, et même dans un grisé.

Exemple :

Nom : ....

Adresse : ....

Le texte est en corps 9. Les pointillés sont réalisés en corps 6, tramés 50 %, soit paramétrés lors de la création de la tabulation, soit par copier-coller.

Et non pas :

Nom : ....

Adresse : ....

Filets pleins

Épais. 0,5 pt : ————————————

Épais. 1 pt : ————————————

Épais. 3 pts : ████████████████████

Épais. 5 pts : ████████████████████

Filets tramés

20 % : ████████████████████

40 % : ████████████████████

60 % : ████████████████████

80 % : ████████████████████

100 % : ████████████████████

Filets pointillés

Épais. 0,5 : ··

(trop petit pour utiliser en quadri)

Épais. 1 : ··

Épais. 3 : ●●●●●●●●●●●●●●●●●●●●●●●●●●●●

Épais. 5 : ● ● ● ● ● ● ● ● ● ● ● ● ● ● ● ●

Figure I

38. *Car, selon l'usage et le code typographique, un souligné en trait continu correspond à une composition en italique dans le romain et en romain dans l'italique.*

⊘ Vignette

Une *vignette* est un élément décoratif, généralement de taille réduite, accompagnant des pages de texte et appelé à tort de nos jours « pictogramme ». Les vignettes ont été abondamment utilisées dans les livres et en publicité au XIXe siècle. Elles restent utilisées en particulier :

- pour marquer la séparation entre des blocs typographiques se rapportant à des sujets différents ;
- pour « meubler » des blancs trop importants et non prévus : tels ceux des fins de chapitres ne comportant que quelques lignes en haut de page. Les vignettes spécialement conçues à cet usage sont dites « cul-de-lampe ». Par assimilation, les dernières lignes de fin de chapitres composées suivant des longueurs de plus en plus courtes sont dites aussi « culs-de-lampe ». Enfin, des vignettes appelées *marques* étaient, et sont encore quelquefois, dessinées par un imprimeur ou un éditeur et placées en fin de chaque volume. Le « carré magique » RETZ reproduit ci-dessous était ainsi autrefois la marque des éditions Retz. Les spécimens de fondeurs de caractères du XIXe siècle abondent en modèles de vignettes que les graphistes ont longtemps repris. Aujourd'hui, la création et l'édition de nouveaux sujets sont aisées et économiques. Il demeure que les graphistes pourraient utiliser plus largement l'énorme étendue de la bibliothèque numérique à leur disposition.

71

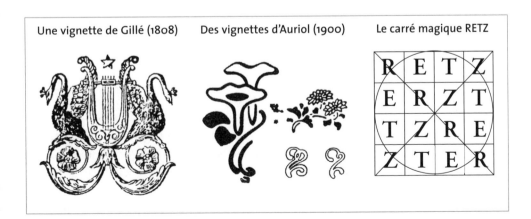

Une vignette de Gillé (1808)   Des vignettes d'Auriol (1900)   Le carré magique RETZ

⊙ Logotype

Un logotype est un groupe de mots, une abréviation ou un ensemble de signes graphiques (lettres et/ou formes), spécialement composé ou dessiné pour personnaliser la marque ou le sujet qu'il exprime. Ce peut donc être une composition utilisant les signes d'une police existante, mais avec des approches particulières ou même des superpositions :

Dans ce cas, l'originalité du mot peut être accentuée par l'emploi de ligatures :

Enfin, ce peut être un mot avec une ou la totalité des lettres spécialement dessinées :

⊙ Idéogramme et pictogramme

Un *idéogramme* est un signe abstrait, dont le dessin n'évoque pas directement l'objet qu'il définit, pas plus que sa prononciation. On donne généralement comme exemple d'idéogrammes les signes de l'écriture chinoise ; ce qui d'ailleurs n'est pas tout à fait exact, certains signes comprenant des éléments de nature phonétique. Mais notre langage comporte un secteur important d'idéogrammes : celui des chiffres, aux dessins purement abstraits et qui sont prononcés différemment dans chaque langue. On peut y ajouter les signes mathématiques tel $\sqrt{}$, de la logique formelle, tel $\in$, etc.

Et le lecteur, dont l'unité de lecture est non pas la lettre ou le phonème mais le mot (au minimum) qu'il perçoit sans aucune sonorisation musculaire ou mentale, traite en fait ce mot comme un idéogramme.

Lorsque le dessin de l'idéogramme évoque l'image de l'objet qu'il définit, on a alors affaire à un *pictogramme*. Dans notre société, l'utilité des pictogrammes réside dans leur universalité puisqu'ils sont indépendants des mots nationaux : tels les signes des panneaux dans les aéroports.

Le développement de nouvelles sciences et techniques, l'internationalisation des communications ont conduit de nos jours à la création de nombreux idéogrammes et pictogrammes. D'autant que (tout comme les chiffres par rapport à leur écriture en lettres) leur encombrement est plus réduit. La micro-informatique permet d'utiliser de nombreux pictogrammes. Les pictogrammes les plus efficaces sont souvent les plus simples. Pour ceux que les logiciels de création graphique ne rebutent pas, il faut veiller à ce que leur dessin soit aisément reconnaissable d'un seul coup d'œil, et se souvenir, bien sûr, qu'ici encore, l'excès, la surabondance peuvent se révéler nuisibles.

Codes thématiques[39]

Ce sont des pictogrammes utilisés pour guider le lecteur dans sa stratégie de recherche d'une information précise. Leur utilisation est fréquente, notamment en Amérique du Nord, principalement à la télévision où les bulletins d'information sont présentés quotidiennement grâce à un écran à double lecture : un journaliste très légèrement décentré vers la gauche, et, au-dessus de son épaule, une fenêtre (un espace dans l'écran) où s'affichent des images thématiques. Ces symboles évoquent le thème de l'information présentée : la lutte contre la drogue (symbolisée par une seringue accompagnée d'une tête de mort) ou un sommet économique (les drapeaux de pays participants), par exemple. Ce signe ou cette image thématique, extraits d'une banque d'images médiatisées par ordinateur, inscrivent visuellement le commentaire oral dans le contexte culturel du téléspectateur.

Aujourd'hui, beaucoup de magazines et de journaux offrent une présentation visuelle utilisant, outre le code typographique traditionnel, plusieurs niveaux de

73

---

39. Extrait de Cartier M., «*Alex : un code signalétique canadien*», Communication et langages, n° 77, 1989.

lecture : des titres aux textes évocateurs, des signes ou des images thématiques et même un code de couleur (rouge pour le sport, vert pour l'économie, etc.). Certains magazines, qui offrent plusieurs articles possédant un thème commun, placent le même signe thématique au début de chacun des articles (au même endroit où l'on plaçait les lettrines au Moyen Âge). Beaucoup de catalogues, qui offrent des marchandises diverses, utilisent aussi des codes thématiques annonçant les produits en réduction ou un service spécialisé. D'autres documents, les livres de recettes de cuisine, par exemple, utilisent aussi un code thématique pour indiquer le temps de cuisson, le coût du produit et le degré de difficulté.

⊙ Mais, attention...
Subtilités

J'admire le talent et la passion de mes amis créateurs de caractères, consacrant une compétence et un talent exceptionnel à dessiner des caractères – ou plutôt à redessiner des caractères qui ne diffèrent que par des subtilités des formes de lettres déjà existantes (et parfois depuis des siècles) ! Sauf pour les très gros corps utilisés pour des titres, des marques ou des slogans publicitaires, le lecteur moyen est en effet insensible à ces variations de formes. Ce qui s'explique par son processus de lecture : une production de sens à partir des perceptions fugitives des formes globales des mots, associées à des mécanismes d'anticipation. Ce qui explique également qu'on ne constate pas de différence de lisibilité entre tous les styles courants typographiques : des lettres de la Renaissance à celles du Bauhaus. Le lecteur face à une page de texte suivi sera donc insensible, parce qu'il ne les « verra » pas :

- à des différences entre les dessins des caractères[40] ;
- à de faibles variations entre les dimensions de ces caractères ; entre un corps et le corps immédiatement voisin (inférieur ou supérieur) ;
- parfois même au passage du romain à l'italique.

Par contre, il percevra :

- le passage d'une graisse maigre ou normale à une graisse plus épaisse : demi-gras, gras ou extra gras ;
- le passage du bas de casse à la capitale ;
- le soulignage de mots ;

---

40. *Comme le dit Maximilien Vox, cité par Gérard Blanchard : « Au-dessous du corps 10, seule compte la couleur d'un texte. »*, Communication et langages, n° 73.

- le changement de justification (à condition qu'il soit relativement important) ;
- la « couleur » de la page ou d'une partie de cette page.

Et c'est ici qu'intervient le choix du caractère, pierre dans une mosaïque typographique dont on ne perçoit plus que la tonalité d'ensemble. Et puis, il reste au typographe le champ immense des textes jalons : des typographies structurées.

Voir aussi *Style éditorial*, p. 128.

⊗ Trop de signaux

La composition informatisée permet, dans le cadre d'une typographie structurée, l'utilisation aisée de nombreux facteurs typographiques pour hiérarchiser les titres, intertitres, textes principaux, secondaires, commentaires... L'infographiste peut utiliser plusieurs familles de caractères, chacun dans des corps différents, en bas de casse ou en capitales, en romain ou en italique, de graisses différentes, soulignés éventuellement, sur des justifications différentes... Mais le pouvoir de discrimination du lecteur a ses limites. Tout comme, lorsqu'il conduit, une accumulation de panneaux routiers à un carrefour le perturbe et le ralentit, en lecture, trop de signaux typographiques différents peuvent gêner sa progression. On s'accorde à penser que son seuil de discrimination ne dépasse pas sept facteurs typographiques différents sur une même page.

75

La mise en page :
la macrotypographie

Puis-je utiliser la métaphore des pierres et de la maison ? Les pierres, les signes de la microtypographie ; la maison, les dessins de la mise en page de la macrotypographie. Non seulement les matériaux doivent être de qualité, mais les volumes, les proportions, le plan du bâtiment doivent être agréables et adaptés à leur fonction : être habité. Si la résidence est construite en Provence, le minimum de fenêtres seront ouvertes sur la face sud ; si l'occupant est peintre, les fenêtres de son atelier devront donner sur le nord. À l'intérieur, il ne faudra pas traverser la cuisine pour se rendre à la salle de bains. Ne souriez pas, combien de livres et périodiques (peut-être même la majorité) ne sont guère mieux conçus, qu'il s'agisse de leur mise en page ou de l'ordre de leurs pages.

Tout comme en architecture, notre but, notre devoir, c'est la conception d'un produit au service de son utilisateur, soit d'un produit fonctionnel. L'objet de ce quatrième chapitre est l'étude des principes – parfois des règles – relevant de cette fonctionnalité. Je poursuis ma comparaison. Elle porte sur une maison provençale ; suivant qu'il s'agit d'une résidence secondaire ou principale, la disposition des pièces sera différente. Et encore plus s'il est question d'un hôtel ou d'un complexe de bureaux. Il en est de même en typographie, où c'est l'usage prévu qui doit commander la disposition.

C'est pourquoi ce chapitre débute par une analyse des six structures de pages de base correspondant à six stratégies de lecture. Analyse suivie par les règles de lisibilité, non plus des caractères ou des groupes de mots, mais des pages, ou macrolisibilité (p. 87-88). Puis, je passerai en revue notamment les notions de couleurs, de blancs, de hiérarchies, de paragraphes, de justifications, d'interlignages, pour terminer avec quelques considérations sur la psychologie et le style graphique.

⊙ Les six structures typographiques
De la page d'un roman à la « une » d'un quotidien

Dans le contexte des activités socioculturelles contemporaines, on rencontre, non pas une lecture, un mode de lecture, mais plusieurs modes de lecture en fonction des préoccupations des lecteurs et de la nature des messages imprimés. Et c'est donc à la typographie qu'il appartient d'adapter la forme visuelle du message aux besoins du lecteur et à la nature du message. La grille ci-dessous distingue six modes de lecture en fonction de deux types de comportement du lecteur :

1. un comportement de nature qualitative : l'intérêt plus ou moins régulier pour le message imprimé ;

2. un comportement de nature quantitative : le déchiffrement plus ou moins intégral de ce message.

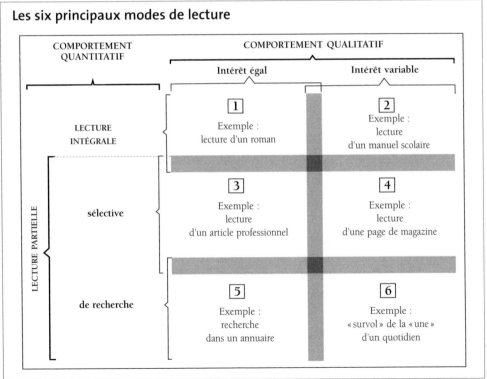

Les six principaux modes de lecture

	COMPORTEMENT QUALITATIF	
COMPORTEMENT QUANTITATIF	Intérêt égal	Intérêt variable
LECTURE INTÉGRALE	**1** Exemple : lecture d'un roman	**2** Exemple : lecture d'un manuel scolaire
LECTURE PARTIELLE — sélective	**3** Exemple : lecture d'un article professionnel	**4** Exemple : lecture d'une page de magazine
LECTURE PARTIELLE — de recherche	**5** Exemple : recherche dans un annuaire	**6** Exemple : « survol » de la « une » d'un quotidien

Figure J

77

Le premier de ces six modes étant la lecture linéaire, intégrale (par exemple, celle d'un roman), le dernier et sixième, la lecture fragmentaire de « survol » (par exemple, celle de la « une » d'un quotidien). Mais la réduction d'une activité humaine à une structure d'unités *discrètes*[41] relève toujours d'une simplification arbitraire, même si elle apparaît nécessaire pour une analyse féconde. C'est bien entendu le cas ici, le <u>processus de lecture étant d'une complexité et d'une subtilité qui transcendent toute schématisation</u>. C'est ainsi qu'il est vraisemblable que des lecteurs très rapides, croyant lire intégralement un texte, l'« écrèment » partiellement compte tenu des servitudes physiologiques de leurs mécanismes oculaires[42]. Ce qui revient à dire que leur lecture, apparemment la plus linéaire et la plus intégrale, est à placer sur la grille 1 dans la zone commune aux deux cases 1 et 3. Et l'on pourrait citer d'autres exemples concernant des comportements de lecture à cheval sur les autres cases théoriques de notre grille. C'est pourquoi les accolades qui commandent ce quadrillage empiètent l'une sur l'autre, engendrant de la sorte neuf zones « floues » dont l'existence nous rappelle que jamais <u>rien n'est tranché rigoureusement, ni en lecture ni en typographie</u>. L'objet de la typographie consiste donc, comme je l'ai déjà écrit, à <u>construire les structures visuelles d'un message, en fonction de sa lecture</u>. À cet effet, partant de la première grille et de ses six modes de lecture, la grille de la p. 79 propose six classes de typographies.

⊙ Les six macrotypographies de base

1. Structure uniforme : pour une lecture intégrale avec intérêt égal. C'est par exemple, nous l'avons déjà vu, la page d'un roman. Elle correspond alors au concept de typographie invisible ; les cinq autres classes se rapportant aux cas de typographies structurées.

2. Structure hiérarchisée : pour une lecture intégrale avec intérêt variable. À la hiérarchie des ensembles rédactionnels souhaitée par l'auteur correspond une hiérarchie des valeurs typographiques. Par exemple, dans le cas d'un manuel scolaire : bloc typographique valorisé, pour le résumé de chaque chapitre ; bloc typographique minorisé, pour des commentaires de texte principal. Lorsque la valorisation des éléments du texte se ramène et se réduit à la mise en valeur de

---

41. Discret : *opposé à continu. Une unité est discrète lorsqu'on peut la séparer d'autres unités et l'isoler.*
42. *Voir Richaudeau F.,* La Lisibilité, *Paris, Retz, 1976, p. 43-45.*

Les six macrotypographies de base

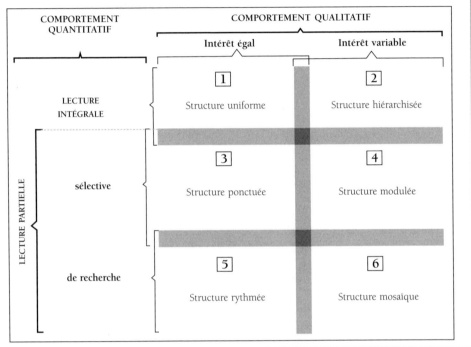

Figure J

mots isolée[43] (composés par exemple en gras ou soulignés), nous nous rappro-
chons de la structure suivante (ponctuée), ce qui correspond sur la grille au carré
gris foncé, commun aux deux zones matérialisant respectivement les structures
2 et 3. Abordons cette dernière.

3. *Structure ponctuée : pour une lecture sélective avec intérêt égal.* C'est le cas des
textes destinés à une lecture très rapide d'écrémage, voire de « survol » de textes,
dont, *a priori*, toutes les informations (mots) pourraient intéresser le lecteur : par
exemple, une documentation technique, un contrat juridique… Le processus
d'exploration visuelle des textes peut alors être grandement facilité par des jalons
avertissant le lecteur, attirant son attention :

- signes classiques de la ponctuation, indiquant la fin d'un segment
  syntaxique, et donc le début d'un nouveau segment ;

43. *Par exemple, des mots nouveaux dans un texte pédagogique.*

• blancs typographiques renforçant cette ponctuation (à la ligne, interlignages) ;

• mais aussi, mise en valeur des mots-clés, de certaines phrases-clés ;

Tous ces jalons relèvent d'un système de ponctuation générale, d'une ponctuation fonctionnelle, plus forte et plus ambitieuse que la timide ponctuation tradition-nelle. Les infographistes utilisent de plus en plus les techniques permettant de mettre en valeur les mots-clés, ce qui est à encourager. Il est temps de cesser définitivement de croire que s'éloigner de la typographie classique ne peut donner que du « laid ». De même, il est temps que les auteurs comprennent que ces enrichissements graphiques ne peuvent qu'aider à la lecture attentive et intégrale de leurs textes.

4. Structure modulée : pour une lecture sélective avec intérêt variable. Cette typo-graphie combine les facteurs spécifiques des deux précédents cas (2 et 3). On la rencontre – on devrait la rencontrer – notamment dans les pages des magazines mensuels ou hebdomadaires dont les lecteurs, bien souvent, ne sont concernés que par quelques articles ou quelques éléments d'articles, et parcourent les seuls blocs typographiques qui les intéressent en lecture d'écrémage.

5. Structure rythmée : pour une lecture de recherche avec intérêt égal. C'est le cas d'un annuaire téléphonique, d'un horaire de chemin de fer… Jusqu'à ce que l'œil ait repéré le titre de l'information cherchée (nom du correspondant, de la gare…), il doit pouvoir parcourir avec aisance les colonnes ou les tableaux de l'imprimé, grâce notamment à l'uniformité dans la répétition de leurs typographies. Cette uniformité n'exclut pas des hiérarchies visuelles, par exemple, les listes de l'annuaire étant réparties en rubriques ou les gares principales étant composées en caractères plus forts. Mais la conception de cette hiérarchie obéit elle-même à des règles répétitives, bref à des rythmes ; rythme unidimensionnel et simple dans le cas d'un index alphabétique ; toujours unidimensionnel, mais à plusieurs niveaux dans le cas d'une table des matières ; bidimensionnel et à plusieurs niveaux dans le cas de tableaux complexes et de certains schémas.

6. Structure mosaïque : pour une lecture de recherche avec intérêt variable. Les servitudes de la structure rythmée 5 s'estompent ou disparaissent (ou sont insidieusement masquées) ; les modulations de la structure 4 s'amplifient au sein d'un (savant) désordre ; chaque bloc typographique de la page devient la pierre d'une mosaïque plus ou moins informelle. Et c'est au lecteur, après un balayage visuel bidimensionnel de cette page, de choisir sa pierre, ou ses pierres, puis d'entamer son déchiffrement soit en lecture intégrale, soit en lecture d'écrémage : par exemple, devant la « une » d'un quotidien ou la circulaire en quadrichromie d'une publicité directe. Cette dernière structure typographique mosaïque, destinée à une lecture multidimensionnelle, est à l'opposé de la structure typographique uniforme 1 qui correspond à une lecture linéaire, unidimensionnelle. Elle apparaît comme l'un des éléments d'une forme de culture moderne, fruit de l'économie d'abondance, fondée sur des analogies d'informations et sur des associations foisonnantes d'idées appelées précisément « culture mosaïque[44] ».

Dans tout ce qui précède, je n'ai considéré que le processus de lecture limité à la perception ou à la consultation d'une même page. Mais une « chose imprimée », c'est souvent un <u>assemblage de pages</u> : journal, revue, livre… Dans le cas d'un roman, pas de problème : on passe d'une page à la suivante. Dans celui d'un magazine, on consulte éventuellement la table des matières et on choisit en conséquence la page à lire en premier. Il existe aussi des ouvrages d'information où le lecteur, au fil de ses curiosités, passe d'une page à une certaine autre, ou d'une partie de page à la partie d'une autre page, revient en arrière… Bref, à travers un volume impersonnel, <u>il « produit » son propre livre</u>. De tels ouvrages relèvent d'une septième structure, tridimensionnelle, reprenant, souvent en de complexes combinaisons, les éléments des structures 2 à 5 ; nous dirons une structure spatiale.

⊙ Mise en page sur papier ou sur écran : du feuilletage au déroulage

Point capital : sur un produit gutenbérien – livre, périodique –, les parcours visuels d'une page à la suivante ou aux suivantes (par feuilletage) sont <u>horizontaux</u>. Lorsque l'on surfe sur Internet, ces mêmes parcours se font en descendant ou en montant d'une page-écran à l'autre, <u>verticalement</u>. D'où les notions de « couloirs » ou de « tiroirs » : couloirs verticaux, toujours au même emplacement, pour guider l'œil du lecteur d'une page à la suivante ; tiroirs horizontaux, accrochés régulièrement à ces couloirs, proposant titres, intertitres, notes, textes.

Ce qui débouche sur quelques règles :

- la discrimination entre les blocs typographiques est plus aisée si ces blocs sont tous alignés verticalement (loi de « bonne continuité » de la Gestalt) ;

81

---

44. Voir Moles A., « *Culture mosaïque* », La Communication, *Paris, Retz, 1971.*

• d'une page-écran à l'autre, les informations de même nature, présentées identiquement, apparaissent plus cohérentes au lecteur ;
• le déroulage du texte en paragraphes courts facilite une lecture sélective ;
• pour une densité donnée, le coût cognitif est moindre si les informations sont classées et si ce classement est explicite et visible ;
• des descriptions visuelles trop variées fatiguent l'œil et l'attention. Limiter le nombre de familles de caractères et ne pas utiliser plus de trois couleurs.

⊙ Quand le transfert d'une information par courrier électronique pertube sa typographie et sa mise en page
Olivier Binisti

L'auteur d'un courriel ne dispose jamais d'une maîtrise totale de la forme que prendra celui-ci lorsqu'il sera lu, à moins que ses correspondants aient exactement la même configuration logicielle et matérielle.

En effet, si l'écran du lecteur diffère de celui de l'auteur ou est configuré autrement, le courriel reçu aura une apparence différente de celui qui a été envoyé. Ces différences concernent essentiellement la taille des caractères et l'emplacement des sauts de ligne (éléments qui varient selon la résolution d'affichage). L'autre contrainte vient des logiciels de messagerie : certains obligent à un saut de ligne après 76 caractères, d'autres après 80 caractères ; certains affichent les images dans le corps du message (Apple Mail® ou Microsoft Outlook®, par exemple) alors que les webmails (Hotmail, Yahoo, etc.) les présentent généralement sous la forme de fichiers joints.Enfin, l'utilisateur peut configurer son logiciel et imposer l'utilisation d'une police de caractères spécifique, d'une couleur d'affichage des textes, du mode d'affichage des images jointes au courriel, etc.

Dès lors, la seule manière de s'assurer qu'un courriel sera lu comme il a été envoyé est d'en transformer le contenu en un format qui oblige à une lecture similaire pour tous, comme, par exemple, le PDF (voir p. 143).

Typographie, culture et neurologie

L'art de la typographie obéirait-il à la loi historique dite de « l'évolution en boucle », chaque situation antérieure se répétant, après un certain nombre d'années ou de siècles, le final reproduisant l'initial et refermant ainsi la boucle ? On pourrait presque soutenir cette thèse sans être accusé de paradoxe à propos de l'architecture des imprimés et de la mise en page typographique.

Évoquons l'évolution historique de la physionomie de ces pages : à l'origine, une grande partie des incunables et des imprimés du XVIe siècle sont construits suivant des structures complexes, analogues à celles des manuscrits dont ils prennent la suite : le texte principal est accompagné de textes secondaires, tantôt placés en marge, tantôt encadrant ce texte. Parfois même, ces compositions annexes, ces gloses sont à leur tour entourées d'une autre glose, cette dernière étant, dans certains cas, encadrée d'une nouvelle glose.

Deux expressions semblent pouvoir qualifier ces structures : celle de mise en page foisonnante, un certain nombre de passages du texte principal, initial, engendrant de nouveaux textes qui rayonnent, foisonnent ainsi, engendrant de nouveaux textes initiaux. C'est le terme que j'avais employé en 1965 dans l'ouvrage *La Lettre et l'Esprit* ; celle aussi de mise en page mosaïque, en référence à l'expression de « culture mosaïque » employée par Abraham Moles en 1967[45]. Quelques années avant, en 1962, Marshall McLuhan, partant de la méthode scolastique du Moyen Âge, employait l'expression de « *simultaneous mosaic* » dans *The Gutenberg Galaxy*[46]. Quelques pages plus loin, il écrit qu'avant l'imprimerie, la tâche de l'écrivain était « *in a large degree the building of a mosaic* ». Ce même mot de « mosaïque » avait d'ailleurs été employé bien avant par Stéphane Mallarmé, qui parlait de la « mosaïque d'attitudes du conscient collectif suscitée par la presse populaire[47] ».

Passage à une typographie uniforme

Les grains semés par les humanistes vont germer et proliférer dans une nouvelle ambiance, la Réforme et la Contre-Réforme détruisant l'esprit de relative tolérance qui régnait jusqu'alors. Aux dialogues des cours florentines, aux colloques de la Pléiade se substitue la tour d'ivoire du penseur solitaire. Le créateur se replie sur lui-même, se spécialise, souvent s'isole, parfois s'exile, tel Descartes écrivant dans son « poêle », à

83

---

45. Moles A., *Sociodynamique de la culture*, Paris, Mouton, 1967.

46. McLuhan M., The Gutenberg Galaxy, *London, Rouliege et Kegan P., 1962, traduction française :* La Galaxie Gutenberg, *Paris, Mame, 1967.*

47. *Cité par M. McLuhan, mais sans la référence précise au texte de Stéphane Mallarmé.*

Neubourg, le *Discours de la méthode*. Sans rapports étroits et affectifs avec les auteurs, en butte aux tracasseries de la censure, l'imprimeur n'est plus qu'un artisan ou un industriel, un maillon de la chaîne qui relie l'auteur aux lecteurs, le fournisseur du libraire ou de l'éditeur[48]. Désormais, il se borne à composer, à imprimer, c'est-à-dire notamment à juxtaposer des cubes de plomb à la fois lourds et fragiles ; et l'assemblage en est plus simple, plus rapide, donc plus économique lorsque l'architecture de la page est élémentaire : un rectangle.

L'apparition, il y a un siècle, des machines à composer sur plomb ne fera qu'accentuer ces servitudes. L'éditeur choisira naturellement ce mode de mise en page plus économique. L'auteur n'est guère invité à donner son avis ; d'ailleurs, son mode de création solitaire le pousse à se contenter de transcrire, en lui donnant toutes les apparences du raisonnement logique linéaire, son monologue intérieur. Et toutes les pages des livres, quel que soit le sujet traité, prennent l'apparence de rectangles gris, désincarnés, tous semblables, excluant tout sentiment de chaleur, de spontanéité, de fantaisie, toute possibilité visuelle de recherche, de sélection, de hiérarchie parmi les phrases imprimées.

Retour à une typographie foisonnante

Arrivent le XXe siècle et des hordes de typographes révolutionnaires, en majorité étrangers au monde des livres :

1. *Des hommes de la presse*, des journalistes qui jettent sur la « une » tous les titres de l'actualité, suivis des débuts d'articles correspondants, qui mélangent et des illustrations et des placards de publicité ; la page du journal devenant une véritable mosaïque d'informations hétérogènes.

2. *Des hommes de la vente*, des publicitaires à la vitalité exubérante, à l'inculture typographique parfois totale, mais riches d'innovations ; obligés, de par leur fonction, de jeter les bases d'une véritable typographie fonctionnelle qui doit convaincre le lecteur, lui vendre l'article proposé. Ce qui engendre des mises en page à l'opposé des structures classiques du livre, des typographies à la fois hiérarchisées, exubérantes et foisonnantes.

3. *Des hommes de l'esprit*, des poètes, qui veulent briser la chaîne du langage traditionnel, qu'il soit parlé ou visuel : *chaîne*, tant au sens propre qu'au sens figuré. Au sens propre, chaque mot est un chaînon chronologiquement et inexorablement lié au mot (ou chaînon) précédent, puis au mot (ou chaînon) suivant. Au sens figuré, c'est un lien enserrant les pensées de l'émetteur et du récepteur dans une structure linéaire, unidimensionnelle ;

---

48. *Quelques exceptions confirment la règle : la qualité des productions de certaines familles de graveurs, papetiers, imprimeurs, éditeurs (les Didot par exemple).*

interdisant à cette pensée de s'épanouir en des structures plus riches, multidimensionnelles. En 1897, Stéphane Mallarmé écrit, dans *Un coup de dés jamais n'abolira le hasard*, le premier poème fondamentalement[49] multidimensionnel; il sera suivi par Guillaume Apollinaire, Blaise Cendrars, Tristan Tzara, l'école Dada, Paul Klee, et les disciples du Bauhaus, du groupe «De Stijl», les peintres et poètes russes, les poètes spatialistes contemporains, etc. Et l'on peut rattacher à cette tendance, marquée par le refus d'une certaine rationalité de la pensée, le mouvement graphique «underground» dont les posters et les journaux combinaient exubérance, baroquisme et foisonnement.

Le média traditionnel, le livre, malgré la rigidité des règles dites «typographiques», recodifiées pourtant par un Stanley Morison[50]; le livre, malgré le conservatisme de la plupart des éditeurs et des imprimeurs, ne peut résister à ces tendances. Cela est surtout perceptible dans les ouvrages d'enseignement, où la couleur, les illustrations et la typographie foisonnantes sont maintenant reines; dans les ouvrages d'information également, où, fréquemment, le texte principal est maintenant entrecoupé ou accompagné d'intertitres, d'encadrés, de notes marginales, d'informations et d'illustrations. Et dans les livres d'essais, tels, en France, ceux écrits, par exemple, par Michel Butor[51] ou Jacques Derrida[52]. Et cette évolution est depuis quelques décennies permise, encouragée même, par les mutations techniques accélérées de ces dernières années.

85

Neurologie et typographie

Passons de l'histoire à la neurologie avec les travaux du prix Nobel Roger Sperry et notamment ses expériences menées sur des sujets épileptiques dont les deux hémisphères cérébraux (droit et gauche) ne communiquaient plus entre eux après sectionnement du corps calleux qui normalement les reliait. Sperry en déduit un partage des tâches entre les «deux cerveaux» chez les sujets normaux: le «cerveau gauche» étant dominant dans les processus de langage analytique, logique, réductionniste. Le «cerveau droit» dominant dans les processus visuels globaux, synthétiques, analogiques.

Peut-on alors avancer que la typographie des derniers siècles correspondait davantage aux fonctions du cerveau gauche engendrant une forme de pensée linéaire, à la logique déductive (une cause crée un effet)? Chaque connaissance particulière, chaque croyance

---

49. «*fondamentalement*»: *en effet, ici comme ailleurs, il est facile de trouver des antécédents au poème de Mallarmé; ne serait-ce que certaines poésies d'*Alice au pays des merveilles *(1865), sans parler des poèmes en figure de colonne torse de la Renaissance, tel l'*Hymne du temps et de ses parties *de G. Guiroult (1560).*

50. *Morison S.,* First Principles of Typography, *Cambridge University Press, 1967.*

51. *Butor M.,* Intervalle, *Paris, Gallimard, 1973.*

52. *Derrida J.,* Glas, *Paris, Galilée, 1974.*

étant le résultat d'une progression continue, ramifiée depuis les notions les plus simples et les plus rudimentaires jusqu'aux plus avancées ; sans solution de continuité, avec une apparence de progression logique raisonnée.

Mais depuis :

- d'une part, les impulsions données à la « chose imprimée » par les hommes de la presse, de la publicité, de l'esprit ;
- d'autre part, les mutations techniques : du plomb au film, à la photocomposition et à l'informatique ;
- et enfin, l'abondance des productions de cette « chose imprimée » ne permettant plus à chacun de lire intégralement tout ce qu'il souhaiterait lire.

Ces trois facteurs conduisent inexorablement à une évolution de la présentation de cette « chose imprimée » et donc de sa typographie.

Revenons à la grille de la p. 79. De la case 1 – *structure uniforme* – correspondant à une culture « cartésienne », nous passons successivement aux cases 2, 3, 4, 5 et 6. Cette dernière – *la structure mosaïque* – correspond à une culture non linéaire. La case 1 est celle du cerveau gauche ; la case 6 est celle du cerveau droit. L'évolution de la typographie s'inscrit alors au sein d'une perspective plus large, caractéristique de notre époque : la fin d'un quasi-monopole du cerveau gauche, et la réhabilitation du cerveau droit, ou, plus exactement, des processus mentaux lui correspondant plus spécialement. À une pensée linéaire, à une logique strictement déductive et donc simpliste succèdent des formes de pensées moins contraignantes, plus libres, procédant par prélèvements (parfois aléatoires) et par analogies pour aboutir à des synthèses qui ne sont plus les derniers chaînons d'une ligne d'arguments mais d'un réseau de nœuds à l'intersection de plusieurs facteurs souvent d'origine et de nature éloignées, et qui se révèlent d'autant plus riches et originaux. Au typographe des années 2000 d'adapter sa mise en page à cette culture du nouveau millénaire.

Une remarque pour terminer cette digression : il est établi sans contestation possible que chaque hémisphère cérébral gouverne le côté opposé du corps. Ainsi, l'hémisphère droit est mieux équipé pour traiter les données fournies par le champ visuel gauche et le gauche pour le champ visuel droit.

Voir sur ce sujet *Double page*, p. 109.

La lisibilité de la page

⊘ Les huit lois en typographie structurée, ou macrolisibilité

Première loi

L'« œil » du lecteur occidental – ou du lecteur influencé par cette culture – a été conditionné à explorer la page imprimée de haut en bas et de gauche à droite. Pour cette raison, il est préférable, par exemple, de placer un titre de chapitre en haut de page ; et pour la même raison, il est souhaitable d'aligner les intertitres de ce même chapitre sur la gauche de la page, éventuellement au centre.

Deuxième loi

Cet « œil », qui est amené à faire des choix au sein d'une page (ou d'une double page), est naturellement attiré par ce qui est visuellement « fort », gros.

| Voir *Hiérarchie entre les blocs typographiques*, p. 100.

Troisième loi

Le choix du lecteur entre les blocs typographiques de la page (ou de la double page) est donc animé – inconsciemment dirigé – par leurs différences de force, de couleur typographique, par leurs contrastes. Mais la perception de ces contrastes peut également être profondément influencée et même modifiée par l'environnement de ces blocs typographiques, c'est-à-dire, notamment, par les blancs qui les entourent.

| Voir *Blanc,* p. 93.

Quatrième loi

Les capacités de discrimination de l'œil entre les hiérarchies typographiques au sein d'une même page sont limitées. Si les procédés décrits plus haut sont utilisés trop abondamment au sein d'une même page, l'œil, confronté à une profusion de composants typographiques variés, ne discernera plus leurs différences et accordera la même importance à tous les éléments de cette page.

| Voir *Subtilités*, p. 74.

Une mise en page efficace est toujours caractérisée par une économie de moyens ; elle refuse en particulier les tentations d'utilisation de multiples styles, corps et graisses de caractères dans une même page et dans un même ouvrage.

| Voir *Trop de signaux*, p. 75.

Cinquième loi

Si le lecteur doit chercher ses informations non plus au sein d'une page (ou d'une double page) mais entre les pages d'un ouvrage (par feuilletage ou déroulage), il recherche en priorité ses informations :

- à droite des pages de droite (à foliotation impaire, dites aussi « belles pages ») ;
- à la rigueur, à gauche des pages de gauche (« pages paires » ou « fausses pages »).

Voir *Folios,* p. 117.

Sixième loi

Plus une illustration est grande, plus elle attire l'attention du lecteur ; la limite extrême étant l'illustration pleine page à fond perdu qui élimine tout blanc. *A contrario*, un bloc typographique, par exemple de six lignes, n'attire pas plus l'œil du lecteur qu'un bloc de trois lignes.

Septième loi

Une illustration en couleurs attire plus l'attention qu'une illustration en noir et blanc.

88

Huitième et dernière loi

Les sept lois qui précèdent peuvent naturellement s'additionner partiellement et renforcer d'autant leurs effets. Cependant, dans certains cas particuliers, une utilisation ingénieuse des contrastes peut atténuer ou même contredire l'effet de certaines de ces lois. Ainsi, une illustration noire de format réduit, accompagnée d'un court commentaire et placée seule (avec le commentaire) dans une page blanche, frappera plus que huit illustrations couleur, placées sur la page voisine les unes contre les autres, sans blanc pour les séparer. Ainsi, au sein d'une page à structure mosaïque, un bloc typographique placé en bas et à droite de la page, composé en caractères maigres et contrastant avec le texte composé en gras qui l'entoure, pourra attirer davantage l'œil du lecteur qu'un titre composé en haut et à gauche de la même page. Ici encore, nous retrouvons la notion de contraste.

⊙ Le contraste : à la base de la perception

C'est le contraste entre le noir de l'impression du texte et le blanc du papier ou de l'écran qui est à la base de la perception et donc de la lecture. Mais c'est aussi le contraste entre la taille, le *corps* d'un titre et ceux du texte qui suit qui révèle qu'il s'agit d'un groupe de mots importants (par exemple, le titre de l'ouvrage). Et c'est encore le contraste entre la couleur typographique d'une conclusion et celle du texte qu'elle termine qui montre son importance par rapport à celui-ci. Ces quelques exemples illustrent le caractère capital de la notion de contraste en typographie.

> « L'imprimé doit se trouver dans un rapport de tension avec l'"inimprimé", et cette tension dépend des contrastes. Des valeurs combinées trop semblables entre elles ne suscitent qu'une ennuyeuse uniformité. Mais l'opposition des valeurs ne doit pas briser l'effet d'unité requis par le tout. Lors de trop violents contrastes, comme entre clair et foncé, ou grand et petit, un élément peut en venir à prédominer : l'équilibre se trouve alors rompu, si même il entre en question[53]. »
>
> _53. Ruder E., Typographie, Teufen Verlag Arthur Nigli, 1967._

◎ Couleur typographique

C'est le gris de la surface d'un bloc typographique – cette mosaïque résultant de la juxtaposition de noirs, de lettres et de blancs intercalaires – qui contraste avec les blancs du papier ou de l'écran qui encadrent ce texte. En fonction du choix du caractère, de sa graisse, de son étroitesse, de l'interlignage, ce gris sera plus ou moins foncé. D'où l'importance de la notion de _couleur typographique._

Non seulement en typographie invisible, où la couleur peut s'harmoniser avec le genre littéraire (par exemple, on conçoit qu'un poème de Ronsard soit d'une couleur moins noire qu'un texte de Jarry), mais plus encore en typographie structurée, où la graduation des couleurs des blocs typographiques peut refléter les hiérarchies informatives (par exemple, un texte courant d'une couleur moins noire que sa conclusion).

Si, comme je l'ai dit, le lecteur est peu sensible à des variations entre des styles de caractères, il percevra beaucoup plus aisément les contrastes entre des blocs typographiques de couleurs différentes.

◎ La couleur du noir

Aucune encre n'est d'un noir absolu. Elle peut être d'un noir « pur » plus ou moins profond, d'un noir bleuté, d'un noir bistré… Le choix de l'encre et celui du papier (dont le degré de blancheur diminue ou intensifie les contrastes) sont eux aussi des facteurs importants de la couleur typographique.

Mais c'est dans le cas des *tramés* (*à-plats tramés* ou *illustrations simili*) que les différences se révèlent plus sensibles : un tramé avec une encre noire bleutée donnera un gris bleuté un peu triste, alors qu'avec un noir bistre, on obtiendra un gris beaucoup plus doux et chaud, un peu rose…

Quatre couleurs typographiques pour le même texte, composé dans le même corps

Maigre

Cet ouvrage s'adresse à tous ceux qui s'intéressent à la typographie, et de nos jours, ils sont légion. Ce sont naturellement les élèves et les étudiants se destinant aux carrières des industries graphiques, de l'édition et de la publicité. Mais aussi les très nombreux autodidactes en communication imprimée, qui ignorent tout des principes, des règles, des trucs… et des subtilités d'une profession orgueilleuse de ses cinq siècles de pratique. Et, paradoxalement, aussi les professionnels de cette activité, formés à l'âge du plomb ou des premières photocomposeuses, avec des préceptes liés aux servitudes de ces techniques et devenus obsolètes. Enfin à tous ceux qu'intéressent l'évolution des techniques, la typographie et ses règles à travers le temps.

Normal

Cet ouvrage s'adresse à tous ceux qui s'intéressent à la typographie, et de nos jours, ils sont légion. Ce sont naturellement les élèves et les étudiants se destinant aux carrières des industries graphiques, de l'édition et de la publicité. Mais aussi les très nombreux autodidactes en communication imprimée, qui ignorent tout des principes, des règles, des trucs… et des subtilités d'une profession orgueilleuse de ses cinq siècles de pratique. Et, paradoxalement, aussi les professionnels de cette activité, formés à l'âge du plomb ou des premières photocomposeuses, avec des préceptes liés aux servitudes de ces techniques et devenus obsolètes. Enfin à tous ceux qu'intéressent l'évolution des techniques, la typographie et ses règles à travers le temps.

Gras (ou bold)

Cet ouvrage s'adresse à tous ceux qui s'intéressent à la typographie, et de nos jours, ils sont légion. Ce sont naturellement les élèves et les étudiants se destinant aux carrières des industries graphiques, de l'édition et de la publicité. Mais aussi les très nombreux autodidactes en communication imprimée, qui ignorent tout des principes, des règles, des trucs… et des subtilités d'une profession orgueilleuse de ses cinq siècles de pratique. Et, paradoxalement, aussi les professionnels de cette activité, formés à l'âge du plomb ou des premières photocomposeuses, avec des préceptes liés aux servitudes de ces techniques et devenus obsolètes. Enfin à tous ceux qu'intéressent l'évolution des techniques, la typographie et ses règles à travers le temps.

Extra gras (ou extra bold)

Cet ouvrage s'adresse à tous ceux qui s'intéressent à la typographie, et de nos jours, ils sont légion. Ce sont naturellement les élèves et les étudiants se destinant aux carrières des industries graphiques, de l'édition et de la publicité. Mais aussi les très nombreux autodidactes en communication imprimée, qui ignorent tout des principes, des règles, des trucs… et des subtilités d'une profession orgueilleuse de ses cinq siècles de pratique. Et, paradoxalement, aussi les professionnels de cette activité, formés à l'âge du plomb ou des premières photocomposeuses, avec des préceptes liés aux servitudes de ces techniques et devenus obsolètes. Enfin à tous ceux qu'intéressent l'évolution des techniques, la typographie et ses règles à travers le temps.

⊙ La couleur en sus du noir

L'utilisation d'une – ou de plusieurs – couleurs en sus du noir pour des textes typographiques et les figures (graphiques, schémas, dessins) les accompagnant relève de <u>critères fonctionnels</u>, <u>subjectifs et économiques</u>.

Critères fonctionnels

Une utilisation intelligente des contrastes à partir de la seule couleur noire permet en général de résoudre les problèmes de hiérarchie et de clarté des informations. Mais cela demande une bonne compétence de la part du concepteur graphique.

La couleur en mathématiques

J'avais, il y a quelques décennies, édité une encyclopédie des mathématiques, avec bien entendu de nombreux tableaux, schémas, graphiques, courbes… ; le tout imprimé en noir. Le livre se révélant un grand succès, nous décidâmes, à l'occasion d'une réédition, d'ajouter de la couleur, notamment pour rendre ces illustrations plus claires et plus pédagogiques. Une fois le nouveau livre imprimé, nous dûmes nous rendre à l'évidence : la couleur n'apportait rien de plus quant à la lecture des figures. Cela parce que toutes les ressources de lisibilité de l'image et des contrastes avaient été pédagogiquement exploitées pour la première édition en noir.

91

Critères subjectifs

Il n'empêche, c'est un lieu commun que de constater que <u>la couleur a envahi notre environnement</u> ; entre deux livres de même qualité, l'un en noir, l'autre avec de la couleur, les acheteurs choisiront celui en couleurs. Et entre deux publicités plus encore. Ceci dit, si votre budget le permet, si votre « cible » d'acheteurs est importante, utilisez donc la couleur, mais avec parcimonie dans le cas du livre :

- que la majorité des textes restent imprimés en noir ;
- que la couleur soit une « couleur d'accompagnement » discrète et sans agressivité ;
- lorsque vous l'utilisez comme fond soit à 100 %, soit tramée, qu'elle soit très légère.

⊙ Quelques conseils pour l'utilisation des couleurs[54]

1. Environ 8,5 % d'hommes et 0,5 % de femmes ne perçoivent pas normalement les couleurs.

---

54. *Selon Hartley J., extrait de Richaudeau F., Conception et production des manuels scolaires, Paris, Unesco, 1980.*

2. Une couleur pâle, visible sur une large surface, peut être presque invisible si elle est utilisée pour imprimer des caractères maigres.

3. Une couleur foncée semble presque noire si elle est utilisée pour imprimer des caractères maigres (ou des filets maigres).

4. Une couleur brillante utilisée pour imprimer des caractères (ou des filets) maigres peut gêner le lecteur par un effet d'éblouissement.

5. L'impression en noir sur papier blanc assure le contraste visuel maximal.

6. La lisibilité est moins bonne quand le texte en noir est imprimé sur papier couleur.

7. La lisibilité est fortement compromise quand le texte est imprimé sur un fond illustré, tels un dessin ou une photographie.

8. Une couleur intense ou une illustration très forte et contrastée (en noir ou en couleurs) peut se révéler irritante si elle est placée tout près d'un texte.

9. Si la page imprimée est destinée à être éventuellement photographiée ou photocopiée, il faut se souvenir que ses parties en couleurs apparaîtront, sur la copie, noires ou grises ; ou même qu'elles disparaîtront.

Critères économiques

Plus le tirage de la « chose imprimée » est important, plus la surcharge du prix d'impression en couleurs sera faible. Sachez donc que pour un tirage limité à quelques centaines ou quelques milliers d'exemplaires, vous majorez sensiblement votre prix. Que pour des dizaines ou des centaines de mille, ce surcoût de la couleur est relativement faible ; et qu'il est probablement rentable lorsque votre « cible » est le grand public, souvent plus sensible à l'apparence qu'au fond du message.

⊘ Trames : entre le noir et le blanc

En imprimerie, une trame est une surface quadrillée dont les éléments de base sont alternativement noirs et blancs, les éléments noirs étant appelés « points ». Le quadrillage est en général suffisamment fin pour que l'œil du lecteur ne perçoive pas son existence et ne « voit » qu'une surface grise. Ce sont les proportions entre les surfaces élémentaires variables noires (points) et blanches qui lui donneront le sentiment d'une « couleur » plus ou moins foncée.

La trame en macrotypographie

Une surface tramée peut être utilisée en mise en page :

- soit en « à-plat » sous des blocs typographiques ou même des pages entières ;

- soit en « à-plat » sous certains dessins ou certaines illustrations ;
- soit en « à-plat » sous certains mots ou groupes de mots à faire ressortir ;
- soit en encadrement de certaines pages ;
- soit en filet tramé.

À côté de trames classiques à grille uniforme et fine, il existe des trames fantaisie :

- certaines présentent des surfaces dégradées, de gris foncé à gris clair ;
- d'autres des éléments de base spéciaux tels des lignes ondulées parallèles, des signes (carrés, losanges…).

Les logiciels de mise en page permettent une large utilisation des surfaces tramées.

Un conseil

N'utilisez jamais de trame à moins de 10 % car elle risque d'être peu visible à l'impression. De même, sachez qu'au-delà de 80 %, son rendu est quasiment identique à celui d'une trame à 100 %.

Quelques exemples de trames

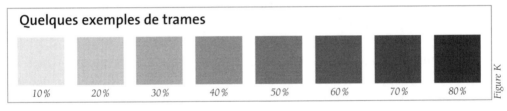

| 10% | 20% | 30% | 40% | 50% | 60% | 70% | 80% |

Figure K

La trame et la couleur

Si l'imprimé est tiré en couleurs, ce qui vient d'être écrit ci-dessus reste évidemment vrai. Et les trames colorées apporteront un peu de gaieté aux pages.

Mais attention : la version tramée d'une couleur franche ne donne pas nécessairement une teinte plus pâle que celle-ci. C'est ainsi que le tramage d'un beau rouge vif donne un rose. Prenez soin de vérifier, sur des nuanciers de couleurs (en vente dans les librairies spécialisées), les effets de vos initiatives chromatiques[55].

⊘ Blanc, le signe de base

Le blanc est le 27e signe de l'alphabet à la disposition du graphiste. Celui que le lecteur perçoit sans voir ; celui par qui, pourtant, la lecture devient possible.

---

55. *Si votre couleur d'accompagnement est une couleur Pantone, il existe un nuancier très pratique qui décline chaque teinte dans presque toutes les valeurs de la trame : le Color Tint Selector.*

Qu'on imagine la page d'un livre sans blanc entre les lettres, entre les mots, entre les lignes, sans blanc à sa périphérie ; qu'on imagine les pages d'un magazine, d'un programme… sans ces piliers visuels que sont les blancs entre les colonnes de textes. Ces quelques exemples nous rappellent aussi combien sont variés les types de blancs en typographie.

Je renvoie le lecteur aux articles :

- *Interlignage* ou blanc entre les lignes, p. 107 ;
- *Approche* ou blanc entre les lettres, p. 58 ;
- *Espace* ou blanc entre les mots, p. 60 ;
- *Marges* ou blanc autour des pages, p. 97.

Le blanc : ossature des pages en typographie structurée

Nous l'avons vu, chaque élément, chaque bloc typographique au sein d'une page d'un texte d'information[56] conçue pour différents niveaux de lecture doivent :

1. apparaître dans leur autonomie à l'œil du lecteur parcourant la page ;
2. marquer leur importance relative par rapport aux autres blocs typographiques ;
3. guider l'œil du lecteur dans son parcours visuel, dans son passage d'un bloc typographique à un autre.

Un maniement adapté des blancs facilite ces trois fonctions.

Blancs horizontaux

Leur importance entre les blocs typographiques est fonction de ruptures sémantiques entre ces blocs : faible s'il s'agit de séparer deux paragraphes traitant du même sujet, forte si l'on passe d'un sujet à un autre, d'un texte détaillé à une conclusion, etc.

Voir *Exemple,* p. 95-96.

Blancs verticaux

Combinés avec la justification de chaque bloc typographique, ils permettent de différencier encore mieux ceux-ci. L'œil du lecteur sera plus sensible au décalage vertical entre deux de ces blocs qu'à un changement de corps entre leurs compositions.

---

56. *Le plus souvent* texte d'information, *parfois* texte littéraire :
poème, prose éclatée *telles les œuvres de Butor ou de Derrida.*

Version originale[57]

Il n'y a pas si longtemps que nous avons découvert tous les continents.

Nous avions d'abord dénombré six continents :

L'AMÉRIQUE DU NORD	L'EUROPE	L'ASIE
L'AMÉRIQUE DU SUD	L'AFRIQUE	L'AUSTRALASIE
Deux à l'ouest	Deux au centre	Deux à l'est

Mais plus bas, plus loin dans le sud, a été découvert un septième continent. Il est si froid que la glace et la neige le recouvrent en permanence et qu'il est inhabité. On l'appelle l'AN-TARC-TIQUE et il contient le pôle Sud.

Maintenant, jetons un coup d'œil sur les océans. Entre l'Europe, l'Afrique et les Amériques, c'est l'OCÉAN AT-LAN-TIQUE.

Entre les Amériques et l'Asie-Australasie, c'est l'OCÉAN PA-CI-FIQUE.

Entre l'Australasie et l'Afrique, c'est l'OCÉAN INDIEN.

Ce sont là les océans dans les parties centrales de la Terre. Au nord de notre planète, dans des zones très froides, c'est l'OCÉAN ARCTIQUE.

C'est le plus froid. Le pôle Nord est en son centre. Au sud de la planète, entourant le continent Antarctique, c'est l'OCÉAN ANTARCTIQUE.

57. *Extrait de Richaudeau F.,* Conception et production des manuels scolaires, *Paris, Unesco, 1980.*

95

Version améliorée

Il n'y a pas si longtemps que nous avons découvert tous les continents.

Nous avions d'abord dénombré six continents :

L'Amérique du Nord	**L'Europe**	**L'Asie**
L'Amérique du Sud	**L'Afrique**	**L'Australasie**
Deux à l'ouest	Deux au centre	Deux à l'est

Mais plus bas, plus loin dans le sud, a été découvert un septième continent.
Il est si froid que la glace et la neige le recouvrent en permanence et qu'il est inhabité.
On l'appelle l'Antarctique et il contient le pôle Sud.

Maintenant, jetons un coup d'œil sur les océans.

Entre l'Europe, l'Afrique et les Amériques, c'est l'océan Atlantique.

Entre les Amériques et l'Asie-Australasie, c'est l'océan Pacifique.

Entre l'Australasie et l'Afrique, c'est l'océan Indien.

Ce sont là les océans dans les parties centrales de la Terre.

Au nord de notre planète, dans des zones très froides, c'est l'océan Arctique.
C'est le plus froid. Le pôle Nord est en son centre.

Au sud de la planète, entourant le continent Antarctique, c'est l'océan Antarctique.

Blancs d'encadrement

Un bloc typographique est mis en valeur, isolé à la fois horizontalement et verticalement. Ainsi, une ligne en corps 9 au centre d'une page blanche sera mieux « vue » qu'un intertitre en corps 18 composé sans interlignage entre les lignes d'une page de texte composé en corps 12 compact. Ce n'est évidemment que l'exemple d'un cas limite, mais parfois pratiqué en publicité.

Tableaux

Dans de nombreux cas, des filets tracés sur des petits tableaux peuvent être supprimés, remplacés par ces filets immatériels que sont des alignements de blancs. Dans la mesure où l'œil n'a pas besoin de guides pour lire tous les items de la ligne, la page imprimée y gagnera en légèreté et en esthétique. On peut, en outre, aider le lecteur grâce à des filets très larges servant de fonds aux lignes de couleurs alternées, évitant ainsi l'emploi des filets fins.

Voir *Exemple*, p. 98.

⊙ Marges ou blancs périphériques

Les quatre marges blanches à la périphérie de chaque page ont deux fonctions principales :

1. isoler, individualiser le texte (et les illustrations) de chaque page. Trois des marges extérieures [en haut, sur le côté (à l'extérieur) et en bas] s'intercalent entre, d'une part, le texte et les illustrations et, d'autre part, l'environnement du livre : pupitre, table, sol, murs, etc., qui sont souvent de couleur foncée, pas très éloignée du noir. Ces trois marges sont donc utiles optiquement parlant et ne doivent pas être de largeur trop faible. La marge intérieure, elle, permet de séparer les textes (et les illustrations) des deux pages qui se font face, et comme elle est doublée (une fois sur chaque page), sa largeur peut être moindre ;

2. permettre de tenir le livre, sans que les doigts n'empiètent sur le texte (ou sur l'illustration). Ce sont les marges inférieures et extérieures qui remplissent cette fonction. Elles doivent donc être dimensionnées en conséquence, sans pour autant occuper trop de place, car le papier est une matière coûteuse. Dans le cas particulier, on constate que les règles traditionnelles ne contredisent pas des critères fonctionnels lorsqu'elles préconisent une échelle de largeur décroissante selon qu'on passe des marges latérales et inférieures à la marge supérieure, puis à la marge intérieure.

Deux versions du même tableau

1. Productivités comparées des principaux modes d'émission et de réception de l'information		
Moyens	Production horaire en mots	Indice
Écrire	1 600 mots/h	18
Dactylographier	3 000 mots/h	33
Parler/Entendre	9 000 mots/h	100
Lire (lentement)	15 000 mots/h	170
Lire (bien)	36 000 mots/h	400
Lire (sélectivement)	100 000 mots/h	1 100

La différence de débit entre émission et réception conduit, dans un souci d'efficacité, à la création de mémoires-tampons intermédiaires : c'est ce qu'assurent, notamment, le texte dactylographié, le journal, le livre.

2. Volumes comparés de conserves de textes, imprimées et orales		
Conserve	Volume par mot	Indice
Livre sur papier bible	1,2 mm^3/mot	17
Livre de poche	3,7 mm^3/mot	52
Cassette audio	7,2 mm^3/mot	100

* * *

1. Productivités comparées des principaux modes d'émission et de réception de l'information		
Moyens	Production horaire en mots	Indice
Écrire	1 600 mots/h	18
Dactylographier	3 000 mots/h	33
Parler/Entendre	9 000 mots/h	100
Lire (lentement)	15 000 mots/h	170
Lire (bien)	36 000 mots/h	400
Lire (sélectivement)	100 000 mots/h	1 100

La différence de débit entre émission et réception conduit, dans un souci d'efficacité, à la création de mémoires-tampons intermédiaires : c'est ce qu'assurent, notamment, le texte dactylographié, le journal, le livre.

2. Volumes comparés de conserves de textes, imprimées et orales		
Conserve	Volume par mot	Indice
Livre sur papier bible	1,2 mm^3/mot	17
Livre de poche	3,7 mm^3/mot	52
Cassette audio	7,2 mm^3/mot	100

Figure L

Il semble bien que les règles préconisées par certaines écoles typographiques, qui inversent ces rapports, relèvent d'un certain esthétisme antifonctionnel. Peut-on aller plus loin et, pour chaque famille de format de livre, codifier les proportions de la mise en page : hauteur et largeur du texte, dimensions des blancs pour les quatre marges ? Je ne le pense pas car les tracés inspirés par le mythe du *nombre d'or* relèvent plus de l'utopie que de la pratique. À chacun de résoudre son problème en conjuguant fonctionnalité et esthétique. Les marges du livre ou du périodique ne sont néanmoins pas totalement blanches, pouvant recevoir certains textes jalons ou secondaires.

| Voir *Folios*, p. 117, *Notes*, p. 118, *Titre courant*, p. 118.

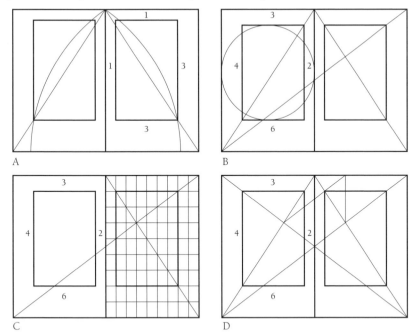

Les marges

Quatre méthodes permettant de déterminer des marges basées sur la proportion de 2/3 et utilisées par les meilleurs imprimeurs du passé[58]

A

B

C

D

58. *Les deux premières (A et B) ont été redécouvertes par Jan Tschichold, la troisième (C) par Rosarivo, la quatrième (D) par Van de Graaf. Document de J. Tschichold : « Proportions rationnelles du format du livre et de page imprimée », in* La Revue suisse, *n° 4, 1964. Selon Wilson A., « La mise en page du livre », in* La Chose imprimée, *Paris, Retz, 1977-1985.*

Figure M

99

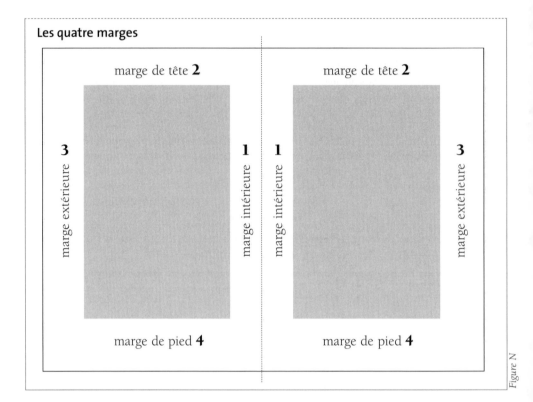

Les quatre marges

marge de tête **2**

marge de tête **2**

3 marge extérieure

1 marge intérieure

1 marge intérieure

3 marge extérieure

marge de pied **4**

marge de pied **4**

Figure N

◇ **Lézarde**

C'est, au sein d'une page, une ligne blanche continue, verticale ou oblique, généralement sinueuse, résultant d'une suite tracée au hasard d'espaces-mots les uns au-dessous des autres. Elle est évidemment d'un <u>effet inesthétique fâcheux.</u> Sur des ouvrages soignés, il est alors conseillé de modifier la valeur de quelques espaces-mots voisins pour briser la continuité de la lézarde en question.

◇ **Hiérarchie entre les blocs typographiques**

La force, l'impact visuel des compositions doivent correspondre à l'importance des textes. Ce qui revient à dire, par exemple, qu'une conclusion ou un résumé doivent être visuellement <u>plus forts</u> que le texte principal qu'ils terminent, et qu'un commentaire ou une légende d'illustration doivent être, au contraire, <u>plus «discrets».</u> Plusieurs facteurs, dont certains ont déjà été évoqués, permettent de réaliser cette hiérarchie visuelle.

Composition avec lézarde...

Cet ouvrage s'adresse à tous ceux qui s'intéressent à la typographie, et de nos jours, ils sont légion. Ce sont naturellement les élèves et étudiants se destinant aux carrières des industries graphiques, de l'édition et de la publicité. Mais aussi les très nombreux autodidactes en communication imprimée que sont les utilisateurs des machines à traitement de texte et des micro-ordinateurs en PAO ; et qui ignorent tout des principes, des règles, des trucs… et des subtilités d'une profession orgueilleuse de ses cinq siècles de pratique. Et paradoxalement, aussi les professionnels de cette activité, formés à l'âge du plomb ou des premières photocomposeuses, avec des préceptes liés aux servitudes de ces techniques et devenus obsolètes. Et auxquels il faut désormais substituer de nouveaux préceptes qui en outre se révèlent plus appropriés à une lecture efficace. L'auteur, François Richaudeau, est connu pour ses recherches et ses publications sur la lecture, la lisibilité et la typographie. Il a notamment dirigé avec John Dreyfus la monumentale *Encyclopédie de la chose imprimée* établie avec la collaboration des meilleurs graphistes et historiens internationaux. C'est dire que ce manuel, qui intègre les dernières connaissances sur la lisibilité et les techniques, ne néglige pas pour autant les modèles que nous ont légués les grands ancêtres imprimeurs humanistes depuis la Renaissance. Le manuel comprend les notions indispensables autour des activités typographiques.

... puis corrigée

Cet ouvrage s'adresse à tous ceux qui s'intéressent à la typographie, et de nos jours, ils sont légion. Ce sont naturellement les élèves et étudiants se destinant aux carrières des industries graphiques, de l'édition et de la publicité. Mais aussi les très nombreux autodidactes en communication imprimée que sont les utilisateurs des machines à traitement de texte et des micro-ordinateurs en PAO ; et qui ignorent tout des principes, des règles, des trucs… et des subtilités d'une profession orgueilleuse de ses cinq siècles de pratique. Et paradoxalement, aussi les professionnels de cette activité, formés à l'âge du plomb ou des premières photocomposeuses, avec des préceptes liés aux servitudes de ces techniques et devenus obsolètes. Et auxquels il faut désormais substituer de nouveaux préceptes qui en outre se révèlent plus appropriés à une lecture efficace. L'auteur, François Richaudeau, est connu pour ses recherches et ses publications sur la lecture, la lisibilité et la typographie. Il a notamment dirigé avec John Dreyfus la monumentale *Encyclopédie de la chose imprimée* établie avec la collaboration des meilleurs graphistes et historiens internationaux. C'est dire que ce manuel, qui intègre les dernières connaissances sur la lisibilité et les techniques, ne néglige pas pour autant les modèles que nous ont légués les grands ancêtres imprimeurs humanistes depuis la Renaissance. Le manuel comprend les notions indispensables autour des activités typographiques.

Premier facteur

Le premier facteur important est la <u>dimension</u>, le corps des caractères, ce corps croissant avec l'importance pédagogique des textes.

Avantages : en agissant sur la dimension des caractères, on peut stabiliser les autres facteurs de composition, conserver un style typographique et une graisse uniques dans le livre. Cela confère à l'ouvrage une sobriété et une élégance appréciées par beaucoup de spécialistes en art typographique. Or, il n'est pas mauvais d'inculquer des principes de bon goût aux lecteurs, même indirectement, par la « fréquentation visuelle » de typographies de bon goût.

Inconvénients : un lecteur ordinaire n'est pas toujours sensible à des différences de corps peu importantes (par exemple, aux différences entre un texte en corps 9 et un texte en corps 10, ou entre un texte en corps 10 et un texte en corps 11). Ce qui incite à rechercher d'autres procédés plus efficaces. Comparez les deux exemples, p. 101, l'un avec lézarde (trace blanche involontaire au travers d'une page, qui nuit à la qualité visuelle de celle-ci), l'autre corrigé.

Deuxième facteur

Ce deuxième facteur concerne l'<u>épaisseur</u>, la graisse du caractère, les textes à mettre en valeur étant composés en gras. L'effet de contraste ainsi obtenu est beaucoup plus marqué que dans le cas précédent. L'idéal est d'utiliser une variante – gras ou extra gras – de la même famille typographique que celle du texte principal. Certains caractères usuels, comme le Times ou l'Univers, possèdent ces variantes.

Times		Univers	
		maigre	les marges
normal	les marges	normal	les marges
gras	**les marges**	gras	**les marges**
extra gras	**les marges**	extra gras	**les marges**

Mais d'autres caractères en sont démunis. Il faut alors choisir :
* soit un caractère de style voisin de celui du texte principal, mais la majorité des lecteurs ne percevront pas la différence ;
* soit un caractère de style franchement différent. Par exemple, si le texte principal est composé en Elzévir, on composera le résumé en antique.

La combinaison de ces deux facteurs conduit à la notion de *couleur typographique*, traitée p. 89.

Troisième facteur

C'est l'habillage du texte. Il permet de mettre en valeur un bloc typographique par rapport au texte principal sans modifier ni le corps ni la graisse du texte. Citons trois procédés : l'encadré, la trame (p. 92) et le blanc (p. 93).

⊘ **Hiérarchie entre les mots**

Comment mettre en valeur un mot (ou une courte suite de mots) ?

Au sein d'un bloc de texte

Le texte suivi étant généralement composé en caractères romains, bas de casse, maigre, du contraste le plus perceptible au moins perceptible :

- en soulignant le mot (voir p. 16) ;
- en le composant en gras ou en demi-gras[59] (voir p. 40) ;
- en le composant en capitales (voir p. 43) ;
- en le composant en italique[60] (voir p. 46) ;
- en l'encadrant ;
- en le tramant (voir p. 92) ;
- en lui attribuant une couleur d'accompagnement[61]. Veillez dans ce cas à utiliser une couleur intense et lisible, et à passer le texte en couleur dans une typographie grasse.

Mais attention à ne pas abuser de ces procédés.

Isolé (ou suite de mots isolée)

Il s'agit le plus souvent d'un texte jalon qui annonce ou conclut sommairement le bloc typographique d'un texte suivi. Il se distinguera de ce dernier (par ordre d'efficacité) :

- s'il est composé dans un corps plus important que celui du texte suivi ;
- ou s'il est composé dans le même corps et le même caractère mais dans une graisse plus épaisse ;
- ou s'il est souligné (à condition que le texte suivi comporte très peu de soulignés) ;

103

---

59. *Qui devient maigre si le texte courant est composé en gras ou en demi-gras.*

60. *Qui devient du romain si le texte est composé en italique.*

61. *Aujourd'hui, l'emploi répandu de l'impression couleur (tons directs ou quadri) permet en effet d'utiliser largement la mise en couleur pour aider au repérage.*

- ou s'il est composé dans un style différent (par exemple, en antique si le texte suivi est composé en Elzévir) ;
- ou s'il est composé en italique (s'il est de faible importance par rapport au texte suivi).

Mais l'emploi judicieux des blancs pour mettre en valeur le texte jalon peut se révéler le facteur le plus efficace.

Le paragraphe

Je passerai successivement en revue les signes marquant les débuts des paragraphes puis les facteurs conditionnant leur dimension : largeur et hauteur.

⊙ Début du paragraphe

Un même bloc typographique est souvent composé de plusieurs paragraphes. Il est alors nécessaire de marquer typographiquement les séparations entre chacun. Cela est obtenu par des blancs, et notamment par les blancs qui suivent les derniers mots de la dernière ligne d'un paragraphe[62] ; le début du paragraphe suivant pouvant :

1. *n'être repéré par aucun signe particulier :* lorsque ce début est évident : première ligne du chapitre d'un livre, ligne succédant à un intertitre composé différemment, début d'un bloc typographique informatif ou publicitaire ;

2. *ou être repéré :*

- par une rentrée (dite aussi « renfoncement ») de la valeur d'un cadratin ou plus : on parle alors d'*alinéa* (Hélas, en France[63], dans la quasi-totalité des ouvrages, y compris ceux dits « de luxe » ou même « de bibliophilie », et des journaux, le renfoncement est pratiqué systématiquement, même dans un premier paragraphe de chapitre, voire dans la première ligne du texte de l'ouvrage et ce, sans raison.) ;
- par un interlignage entre la ligne du paragraphe précédent et celle du paragraphe concerné : interlignage de la valeur d'une ligne ou d'une demi-ligne. On parle alors de *composition au carré.*

---

62. *Sauf, cas très rare, quand cette dernière ligne est pleine.*
63. *Cette critique n'est pas valable pour les ouvrages anglais.*

Renfoncement ou interlignage

Lorsque le paragraphe concerné comprend de courtes séquences de dialogues, ouvertes elles aussi par des renfoncements avec tirets, le repérage du paragraphe par renfoncement est moins net ; et de surcroît, le bord gauche du bloc typographique dentelé irrégulièrement n'est pas du meilleur effet esthétique.

Voir *Exemple*, p. 106.

Débord

C'est l'inverse de la rentrée : la (ou les) première(s) lettre(s) d'une ligne est (sont) placée(s) à gauche par rapport au début des lignes qui suivent. La composition en débord est le meilleur procédé pour faciliter une lecture de recherche. Elle est particulièrement recommandée pour la composition des bibliographies et des glossaires.

Justification

C'est la longueur des lignes composées d'un même bloc typographique. Elle peut être exprimée soit en points typographiques (en référence aux anciennes mesures), soit en millimètres.

Lisibilité : elle est indépendante de la longueur des lignes, sauf dans les cas extrêmes de lignes très courtes ou très longues.

Justification libre

Se dit d'un bloc typographique dont les lignes n'ont pas une longueur rigoureusement constante, les mots terminant les lignes étant toujours composés sans coupure. En général, les lignes d'un bloc non justifié sont dites « alignées à gauche », le bord vertical gauche (du bloc) étant une ligne droite et le bord vertical droit, une ligne dentelée (on dit aussi dans ce cas « composition en drapeau »).

L'inverse est aussi possible, les lignes du bloc étant alors dites « alignées à droite ». Ce type de composition est réservé aux titrages, aux textes d'introduction, aux légendes et autres textes courts. Les typographes utilisent également les expressions *au fer à gauche* dans le premier cas et *au fer à droite* dans le second.

Lisibilité : la lisibilité est identique, que les lignes soient composées en justification constante (donc avec des coupures) ou en justification libre (sans coupures) alignée à gauche.

Exemple

Un passage de _L'Éducation sentimentale_ composé dans la Pléiade, puis composé au carré, plus clair et plus satisfaisant à l'œil

Oh ! non ! pas avant une heure et demie, comme si elle eût posé en elle-même cette limite à son incertitude.

Enfin l'heure ayant sonné :

– Eh bien, _andiamo, caro moi !_

Et elle donna un dernier tour à ses bandeaux, fit des recommandations à Delphine.

– Madame revient dîner ?

– Pourquoi donc ? Nous dînerons ensemble quelque part, au Café Anglais, où vous voudrez !

– Soit !

Ses petits chiens jappaient autour d'elle.

– On peut les emmener, n'est-ce pas ?

Frédéric les porta, lui-même, jusqu'à la voiture.

C'était une berline de louage avec deux chevaux de poste et un postillon ; il avait mis sur le siège de derrière…

Composition au carré

Oh ! non ! pas avant une heure et demie, comme si elle eût posé en elle-même cette limite à son incertitude.

Enfin l'heure ayant sonné :

– Eh bien, _andiamo, caro moi !_

Et elle donna un dernier tour à ses bandeaux, fit des recommandations à Delphine.

– Madame revient dîner ?

– Pourquoi donc ? Nous dînerons ensemble quelque part, au Café Anglais, où vous voudrez !

– Soit !

Ses petits chiens jappaient autour d'elle.

– On peut les emmener, n'est-ce pas ?

Frédéric les porta, lui-même, jusqu'à la voiture.

C'était une berline de louage avec deux chevaux de poste et un postillon ; il avait mis sur le siège de derrière…

Texte justifié

Un texte est dit « justifié » ou « en pavé » lorsque ses extrémités droites et gauches sont alignées verticalement. C'est la composition la plus fréquente.

Conseils : évitez les veuves et les orphelins. Mot seul ou ligne mesurant moins d'un tiers de la justification de sa colonne, la « veuve », placée en fin de paragraphe, est déconseillée. Il en va de même de l'« orphelin », semblable à la veuve à la différence qu'il est, lui, placé en début de paragraphe, et qu'il est à proscrire absolument dans la mesure où il perturbe la lecture logique du texte.

Texte centré

Les lignes du texte sont centrées sur un même axe vertical. Mêmes réserves d'utilisation que le « fer à droite ».

Texte en habillage

Se dit d'un texte auquel on a fait épouser les contours d'une image.

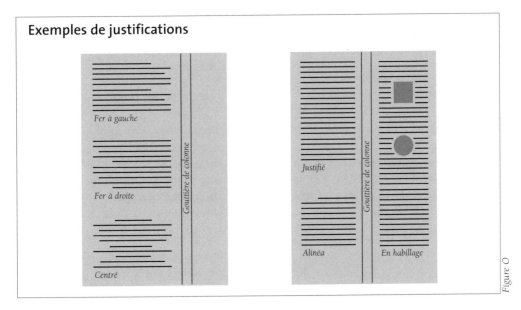

Exemples de justifications

Fer à gauche

Fer à droite

Centré

Gouttière de colonne

Justifié

Alinéa

Gouttière de colonne

En habillage

Figure O

107

⊙ Interlignage

C'est le blanc entre les lignes. Au sein d'un même paragraphe, on pourrait penser que les lignes doivent être composées en compact sans interlignage. Ici encore, l'ambiguïté concernant la notion de corps oblige à plus de nuance. Sur les logiciels de traitement de texte, trois types d'interlignage sont proposés – continu, une ligne et demie ou double. Sur les programmes de mise en page, l'interlignage se règle automatiquement par défaut selon l'œil et le corps de la police choisie. Mais il est possible de modifier cet interlignage pour des raisons esthétiques ou de lisibilité.

Voici, côte à côte, cinq lignes de texte composées avec les caractères suivants dans le même corps (corps 10) : en Garamond *à petit œil*, avec l'Aster *à gros œil*.

- En *interlignage* serré, dit *compact*

Garamond interligné compact	Aster interligne compact
Garamond interligné compact	Aster interligne compact
Garamond interligné compact	Aster interligne compact
Garamond interligné compact	Aster interligne compact......
Garamond interligné compact	Aster interligne compact......

10 points soit 3.76 mm

- En *interlignage* moins serré, dit *interligné un point*

Garamond interligné un point	Aster interligné un point
Garamond interligné un point	Aster interligné un point
Garamond interligné un point	Aster interligné un point
Garamond interligné un point	Aster interligné un point......
Garamond interligné un point	Aster interligné un point......

11 points soit 4.136 mm

- En *interlignage* assez lâche, dit *interligné deux points*

Garamond interligné deux points	Aster interligné deux points
Garamond interligné deux points	Aster interligné deux points
Garamond interligné deux points	Aster interligné deux points
Garamond interligné deux points	Aster interligné deux points......
Garamond interligné deux points	Aster interligné deux points......

12 points soit 4.512 mm

On se rend immédiatement compte que le caractère à petit œil (le Garamond) ne gagne pas à être interligné ; alors que le caractère à gros œil (l'Aster) apparaît trop « serré » s'il n'est pas suffisamment interligné.

Dans le cas de paragraphes composés au carré (c'est-à-dire sans alinéa), il est recommandé de séparer les deux paragraphes se suivant par un retour chariot augmenté d'un léger interlignage.

Autour du texte principal

La précédente partie concernait plus spécialement la structure et la composition des pages du « texte principal » de la « chose imprimée » ou sur écran. Mais comment permettre au lecteur de découvrir ce texte, de le parcourir en choisissant son itinéraire, de le commenter... et de terminer ? C'est l'objet de ce chapitre. Ici et encore plus qu'ailleurs, les habitudes des éditeurs et typographes français vont souvent contre une démarche fonctionnelle ; je dirai même de bon sens. Je traiterai successivement : de la belle page, du titre, du sommaire, de l'index, du glossaire, de la bibliographie, des folios, des titres courants, des notes et citations, du copyright, pour terminer avec l'achevé d'imprimer et le dépôt légal.

⊙ Belle page (ou bonne page)

C'est la page de droite quand on ouvre un livre ou une revue. Elle est affectée d'un numéro impair de folio. Elle constitue le recto de chaque feuillet de l'ouvrage. Son verso est appelé « fausse page » et est affecté d'un numéro pair. Il est de tradition de placer la page de titre du livre en belle page. On recommande aussi de placer les premières pages de chapitre en belle page. C'est plus contestable et je ne vois pas d'inconvénient à la transgression de cette règle.

⊙ Double page

Dans certains livres ou périodiques, l'unité bidimensionnelle de lecture est constituée non plus par la page mais par deux pages face à face, la fausse page à gauche et la belle page à droite. C'est notamment le cas pour les livres d'art, les revues à caractère pédagogique ou scientifique, les manuels scolaires, etc., une page de texte étant illustrée ou commentée ou justifiée par des illustrations, des schémas, des tableaux..., bref, des documents à structure non linéaire. Étant donné le profil des lecteurs de ces ouvrages, on peut penser qu'il serait plus efficace de placer le texte linéaire en belle page (à droite) et l'information bidimensionnelle en fausse page (à gauche), le cerveau gauche étant « dominant » dans les processus linguistiques, et le cerveau droit, dans les processus visuels globaux.

Voir *Typographie, culture et neurologie*, p. 83.

⊘ Titre de l'ouvrage (pour un livre)

Les ouvrages manuscrits du Moyen Âge et les premiers incunables ne possédaient pas de <u>page de titre</u>[64], et le titre était parfois absent de la reliure. Les gens du livre se sont rattrapés depuis – et au-delà. Sur la majorité des livres français, ce titre figure maintenant bien souvent :

- sur le dos de la couverture ;
- sur le premier plat de cette couverture ;
- sur une page dite « de faux titre », en troisième page[65] ;
- sur la page dite « de titre », en page 5 ;
- en haut de toutes les autres pages : on parle alors de « titre courant ».

Reprenons cette liste et commentons-la :

- sur le dos de la couverture : indispensable pour retrouver l'ouvrage classé sur un rayonnage ;
- sur le premier plat de cette couverture : indispensable pour repérer l'ouvrage posé à plat sur un présentoir (chez le libraire) ou sur un meuble (chez le lecteur) ;
- en page de titre : non indispensable ; cela correspond néanmoins à une hiérarchisation des blocs typographiques composant l'ouvrage. Encore faut-il noter que cette page de titre ne doit pas être systématiquement tout en tête de l'ouvrage ;
- en page de faux titre et en titre courant : c'est surtout, dans le dernier cas, faire injure à la mémoire du lecteur qui serait supposé oublier le titre du livre ; mais le titre courant peut être autre chose.

| Voir *Titre courant*, p. 118.

L'exception (qui confirme la règle)

Si les pages de la « chose imprimée » ont éventuellement vocation d'être découpées – ou photocopiées – en vue d'un classement documentaire, alors le titre du livre, ou du périodique (avec son numéro), doit figurer – mais discrètement – sur chaque page ou double page.

---

64. *Le texte des manuscrits et des premiers incunables (premiers livres imprimés avant 1501) débutant par la formule traditionnelle « Incipit liber… » (« Ici commence le livre… »).*

65. *Selon Roger Laufer, historien du livre, le faux titre serait une survivance de la page du frontispice réduite ainsi après disparition de l'illustration à sa plus simple (et inutile) expression.*

⊙ Sommaire

Son emplacement

S'il s'agit, à la fin d'un <u>roman</u>, d'indiquer les correspondances entre des numéros de chapitre et les folios des pages, son inutilité est flagrante, et il convient de le <u>supprimer</u>.

S'il s'agit d'une <u>œuvre de fiction assez segmentée</u> (titres de chapitres, titres de nouvelles), le sommaire peut se révéler utile à quelques lecteurs, et il convient de le placer en <u>fin de volume</u>.

S'il s'agit d'un <u>ouvrage de non-fiction</u>, que l'auteur et l'éditeur ne se fassent pas d'illusion : la majorité des lecteurs ne le liront que partiellement et cette lecture ne respectera pas forcément l'ordre des pages imprimées. Le sommaire est alors un élément capital à la base de la stratégie d'information du lecteur, et il convient de le placer au <u>début de l'ouvrage</u> (pourquoi pas même, avant la page de titre ?).

Cas particulier du manuel scolaire

En fonction de ces considérations de nature fonctionnelle : si le sommaire est utile pour l'élève, le placer au début de l'ouvrage ; s'il n'est utile qu'à l'enseignant, le placer en fin d'ouvrage.

L'exception qui confirme la règle : lorsqu'on peut penser que le lecteur utilisera en priorité pour ses recherches l'index alphabétique, ces règles sont alors à modifier, comme l'explique l'article suivant.

Sa composition

A-t-on déjà vu un lecteur définissant sa stratégie de lecture, choisissant les passages du livre ou du périodique à lire en fonction des numéros de pages ? Peut-être, mais il s'agira alors d'un féru de magie numérologique, espèce rare, avouons-le. Et pourtant, combien de tables des matières sont composées en plaçant en tête de chaque ligne le numéro de la page (et parfois imprimé en gras).

Le sommaire, principalement celui des ouvrages de non-fiction, doit être le <u>guide</u> essentiel à la base de la stratégie du lecteur, de ses premiers choix de textes. La force des caractères et les alignements des lignes doivent donc <u>refléter les importances relatives des parties</u> : chapitres, sous-chapitres, textes annexes, tableaux, etc.

Sa construction est le plus souvent celle d'une structure en arbre ; dans certains cas, ce peut être celle d'un tableau à double entrée.

L'ordre des lignes reflète le plus souvent l'ordre des pages de l'ouvrage, mais ce n'est pas une obligation. Dans certains cas, l'ordre correspondant à l'intérêt du lecteur peut prendre le pas sur l'ordre de la pagination[66]. Priorité au lecteur sur le choix de l'éditeur et de l'infographiste.

|Voir *Exemples*, p. 114-115 : au lecteur de choisir.

Un modèle datant de sept siècles...

« *L'organisation de la Somme de saint Thomas est, à cet égard, exemplaire. Le copiste indique en tête de l'ouvrage de quelles parties celui-ci se compose – chaque partie, chaque traité, chaque question étant précédés d'un sommaire. [...] Aussi les copistes appliquaient-ils tout leur soin à ponctuer soigneusement de tels textes afin d'aider à la compréhension. [...] D'où [...] l'utilisation systématique d'abréviations conventionnelles qui permettent de saisir d'un seul coup, comme avec les idéogrammes, une notion déterminée. [...] Un résumé des chapitres se trouve de plus en plus souvent placé en tête de ceux-ci, des titres courants apparaissent sur chaque feuillet, des lettres ou des signes [...] aident à retrouver un passage donné, les citations sont placées entre des signes [...] qui préfigurent les guillemets et le nom de leur auteur est parfois indiqué dans la marge, en « manchette » [...] pour guider le lecteur, des systèmes de lettres de dimensions différentes placées dans les marges. [...] Désormais, le lecteur n'écoute plus le texte, mais regarde la page, et ses yeux se déplacent sur les deux dimensions de celle-ci à la recherche des repères ou des lettres [...] qui la balisent. [...] L'écrit [...] échappe à l'écrivant[67].* »

... et bien souvent oublié de nos jours.

---

67. *Martin H.-J.*, Histoire et pouvoirs de l'écrit, *Paris, Perrin, 1988.*

⊙ Index alphabétique

Dans de nombreux cas de lecture d'ouvrages d'information, le lecteur utilise l'index alphabétique pour trouver les pages des textes qui l'intéressent spécialement. D'où, pour sa commodité, un emplacement de cet index qui permette de le trouver immédiatement :
- en dernière(s) page(s) si le sommaire est en tête du livre ;
- en tout début du livre si ce sommaire est en fin de livre.

Et dans ce dernier cas, pourquoi ne pas placer la page de titre après cet index ? Le lecteur aura déjà rencontré ce titre deux fois sur le dos et sur le premier plat de la couverture ; il n'a nul besoin d'un nouveau rappel.

---

66. *Et d'ailleurs, quel lecteur s'apercevra que l'ordre de la table des matières n'est pas celui des pages ?*

⊘ Glossaire

Le glossaire devrait figurer dans bon nombre d'ouvrages de vulgarisation scienti-fique – et même dans des ouvrages pour spécialistes. Et pourquoi pas, dans certains romans, aux multiples personnages affublés de noms compliqués ? Je pense ainsi, mais pas exclusivement, aux romans russes. Le lecteur devant le consulter fréquemment en cours de lecture, il doit être facilement accessible : soit en tête de volume – et pourquoi pas – avant la page de titre, soit à la fin. Chaque fois que la nature de l'ouvrage le permet, le combiner avec l'index (et dans ce cas, on élimine la concurrence entre ces deux textes pour la meilleure place).

Macrolisibilité

La composition du glossaire doit évidemment permettre au lecteur le repérage facile de l'article recherché. La meilleure solution consiste à composer le mot d'appel en léger débord par rapport à la justification gauche de la page, et si possible en caractères demi-gras ou gras.

⊘ Bibliographie

C'est la liste des références d'ouvrages ou d'articles cités au cours du texte de l'auteur.

Emplacement

La bibliographie est généralement[68] placée à la fin de ce texte ; mais, si l'ouvrage se termine par une table des matières ou un glossaire, la placer avant ceux-ci.

Classement

L'ordre le plus commode est l'ordre alphabétique des noms des auteurs.

Redondance

Le regroupement des références bibliographiques en fin du texte le concernant exclut-il la composition de ces mêmes références dans les pages du texte le concernant (en bas de page ou en marge) ? Non, car c'est rendre service au lecteur que de lui fournir immédiatement un renseignement qui peut lui être précieux. Il s'agit là d'une redondance utile.

---

68. « Généralement » car si l'ouvrage ou l'article est un commentaire de quelques textes essentiels, pourquoi ne pas placer la bibliographie en tête de l'étude ? Priorité à l'ordre typographique fonctionnel.

114

Sommaire

BULLETIN DE
PSYCHOLOGIE
N° 346, tome XXXIII
1979-1980
juillet-août 1980

756	chronique bibliographique	M. TURBIAUX, P. ALBOU, A. BOLZINGER, M. LÉVEILLÉ, C. CAMILLERI, R.-A. MALLET, J. POSTEL, M. FERRERO
775	soutenance de thèses	J.-P. POITOU, Y. GUYOT
787	us et abus de la chronologie en psychologie clinique	A. BOLZINGER
795	réponses exprimées et inexprimées en fonction de l'extrémisme de l'attitude, du degré d'implication et de l'information	M. ZALESKA, C. CHALOT
807	effet de l'attente du système d'emprise au cours d'un processus de production de connaissance	D. ALAPHILIPPE, G. CHASSEIGNE
815	reconnaissance à long terme : comment chercher ?	G. TIBERGHIEN
831	la psychologie du consommateur	P. ALBOU
841	variation de la sensibilité à l'influence sociale	B. GAFFIE
851	de l'établissement d'indices de tensions syntagmatiques	J. BOUTOT, J. WITTWER
861	langage de l'image et lecture de l'image	J. DANSET-LÉGER
868	à travers les revues	

Figure P

Sommaire

Préface   5

Introduction   7

           Comment se servir de cet ouvrage   10

Des clés pour l'information   11

Le circuit de l'information   12
    Les sources   12
    La transmission   13
    Les choix   13
    Le traitement   13
    Les journalistes   14

La dépêche d'agence   16
    Les agences de presse   16
    De la collecte à la dépêche   17
    La transmission de la dépêche   18
    L'écriture de la dépêche   18

La revue de presse   26
    Un genre journalistique   26
    Des citations organisées   27
    Déroulement d'une revue de presse   27
    La revue de presse murale   28

Le fait divers   33
    Du fait social au conte   33
    Des suggestions pédagogiques   35

À l'école de la presse   39

Le bain de la presse   40
    Pluralité de la presse   40
    Diversité des publications   42
    Premières découvertes
    sur l'émetteur et le récepteur   43

115

Figure P

■■■

Rédaction

La rédaction doit être conforme aux normes internationales, soit :

Pour les livres, dans l'ordre :

- nom, puis prénom (ou initiale du prénom) du ou des auteurs (le nom en petites capitales, le prénom en minuscules) ;
- titre de l'ouvrage complet (dans la langue d'origine en italique), éventuellement suivi de la traduction française ;
- lieu de parution, maison d'édition, année de parution ;
- éventuellement, nombre de pages ;
- éventuellement, référence à un chapitre ou à une ou plusieurs pages.

Pour les revues :

- nom, prénom (ou leurs initiales) du ou des auteurs (en petites capitales pour le nom, en minuscules pour le prénom) ;
- titre de l'article dans la langue d'origine (non souligné mais souvent mis entre guillemets) ;
- nom de la revue (en italique) ;
- année ;
- date du numéro de volume, s'il existe (souligné ou en lettres romaines) ;
- éventuellement, numéro de la première et de la dernière page de l'article.

Exemple

Livres

ALKHER H., *Det Danske Marked (Le Marché danois)*, Charlottenlund, Almqvist and Wiksell, 1960, 98 p., bibliogr., cartes.

GERNET J., *Les Aspects économiques du bouddhisme dans la société chinoise du ve au xe siècle*, Saïgon, École française d'Extrême-Orient, 2e éd., 1956, 331 p. (Race et société 8).

Chapitres

ARON Raymond, LÉVI-STRAUSS Claude, « Dynamique culturelle et valeurs », in LENGYEL Peter (dir. pub.), *Approches de la science du développement socio-économique*, p. 257-291, Paris, Unesco, 1971, 422 p., ill., tabl.

Articles de périodiques

GOMBOCZ Istvan, « Les aspects économiques des échanges internationaux de publications », in *Bulletin de l'Unesco à l'intention des bibliothèques*, Paris, vol. XXV, n° 5, septembre-octobre 1971, p. 284-299.

Composition

Composer la première ou les deux premières lettres de l'auteur (ou du premier auteur) du livre ou de l'article en débord afin de faciliter la lecture de recherche.

Notes bibliographiques

Le lecteur peut rencontrer en bas de page, dans certains ouvrages, ces abréviations :

- *cf.* (issu de *confer*), invitant le lecteur à se reporter ailleurs ;
- *op. cit.* (*opus citatum*) ou *ibid.* (*ibidem*) : abréviations utilisées au début d'une note pour rappeler la référence à un ouvrage déjà cité.

En premier lieu, on peut se demander si le lecteur non universitaire, mais néanmoins curieux d'un sujet, connaît le sens de ces abréviations. En second lieu, rien de plus irritant que, recherchant une référence bibliographique, de tomber sur *op. cit.* (ou *ibid.*) et de devoir feuilleter en sens inverse son livre pour trouver enfin intercalée entre d'autres notes, relatives à d'autres sujets, la référence qui peut figurer cinq, dix pages ou plus en arrière.

1. Pourquoi répudier le franglais et pas le franlatin ? Il existe plus de lecteurs actuels connaissant l'anglais que le latin. Pourquoi pas la mention : « déjà cité » ?

2. Remarque plus capitale : c'est faire preuve de la moindre courtoisie à l'égard du lecteur que de n'utiliser ces abréviations (*op. cit.* ou *ibid.* ou *déjà cité*) que lorsque la référence bibliographique de base figure sur la même page (ou, à la rigueur, sur la même double page). Sinon, recomposons cette référence en entier.

⊙ Folios

L'emplacement et l'existence des folios sont fonction de leur utilité.

Premier cas

Le lecteur, à partir soit de la table des matières, soit de l'index, soit de notes de renvoi, est amené à rechercher certaines pages en fonction de leurs numéros. S'engage alors un processus de recherche par feuilletage ou par déroulage. Le meilleur emplacement du folio se situe en haut et à droite des pages de droite.

Notons déjà – le lecteur étant capable de retrancher une unité d'un nombre – que le folio sur la page de gauche n'est pas indispensable. Notons aussi que, par concession à un maquettiste « artiste », on peut placer ce folio à droite et en bas de la page de droite, éventuellement en haut ou au centre de cette même page.

Deuxième cas

D'autres jalons sont utilisés pour le feuilletage ou le déroulage de recherche : titre d'un chapitre, d'un sous-chapitre ou résumé de chaque page…, l'un n'empêchant pas nécessairement l'autre. C'est l'importance, pour le lecteur, de ces jalons (incluant le folio) qui déterminera leur emplacement.

Mais attention : trop de jalons perturbent le lecteur et la meilleure intention se révèle nuisible.

Voir *Trop de signaux*, p. 75.

Troisième cas

Le lecteur ne consultera jamais le folio. C'est notamment le cas des dictionnaires. Alors, placez-le n'importe où, à condition qu'il soit le plus discret possible. Ou mieux encore – pourquoi pas – supprimez-le. Mais veillez à ce que le repère alphabétique de chaque page soit aussi détaillé que nécessaire et qu'il comprenne suffisamment de lettres afin de passer d'une page à l'autre. Qu'ainsi, par exemple, le lecteur ne cherche pour le mot « bonsoir » entre dix pages repérées par le même « BON »[69].

⊙ Titre courant

Dans de nombreux cas, nous l'avons dit, composer systématiquement, en titre courant, sur chaque page, le titre de l'ouvrage est une absurdité. Cela n'implique pas pour autant l'élimination de ce jalon. Dans le processus – si utile et si fréquent – de feuilletage ou de déroulage d'une « chose imprimée », les titres courants peuvent être autant de signaux qui guident l'œil du lecteur dans son exploration et dans son choix. Le titre courant sera alors :

- le titre de chaque morceau dans un ouvrage de nouvelles ;
- le titre de chaque chapitre, sous-chapitre, ou le résumé, commentaire…, du texte de la page dans un ouvrage de non-fiction. Par exemple, le premier figurant sur la page de gauche et l'un des suivants sur la page de droite.

⊙ Notes

La note ne sera jamais consultée par aucun lecteur

Elle a été rédigée par l'auteur pour faire sérieux ; et si c'est une référence

---

69. *Exemple tiré d'un monument de la langue française* : Le Grand Larousse encyclopédique en 10 volumes.

d'ouvrage, celui-ci peut ne pas l'avoir lu. Dans ce cas, aucune importance quant à son emplacement. Ce procédé relève, diront certains, de la convention, d'autres, d'usages universitaires, d'autres enfin, de la plaisanterie.

La note sera consultée

Dans ce cas, le lecteur doit la trouver – et, si possible, aisément, rapidement. Un seul emplacement : <u>sur la page où elle est citée</u> :

- idéalement, en note marginale à la hauteur de la ligne du texte la citant et, si possible, dans la marge droite ;
- ou, la mise en page est alors plus aisée et le prix de revient plus faible, en bas de la page concernée.

Hélas, sur la majorité des ouvrages sérieux français :

a) ou les notes sont toutes regroupées en fin de volume, ce qui justifie une certaine irritation du lecteur ;

b) ou elles sont toutes regroupées en fin de volume, mais avant la table des matières et parfois avant la bibliographie. Et comment les trouver ? Une solution : arracher ces dernières pages du livre ;

c) ou elles sont placées à la fin de chaque chapitre du livre, c'est-à-dire introuvables.

Que penser des responsables d'édition qui ont fait les choix des cas (b) et (c) :

- qu'ils ne lisent pas les volumes qu'ils produisent ?
- qu'ils sont incompétents ?
- ou qu'ils se moquent de leurs lecteurs ?

Au choix…

Et si le lecteur lisait autrement ?

Si, par exemple, il parcourait d'abord les notes, puis, en fonction de ses intérêts, remontait de ces textes secondaires au texte principal. C'est un mode de lecture assez ludique, et parfois économique, compte tenu de ce que l'on cherche dans un ouvrage. Mode de lecture seulement possible si chaque note est composée sur la même page du texte principal auquel elle se rapporte. Les grands ancêtres imprimeurs de la Renaissance en étaient bien conscients, qui plaçaient les gloses face au (ou autour du) texte principal.

| Voir *Bibliographie*, p. 113.

⊘ Légendes (d'illustrations)

J'ose à peine écrire cet article, tant ce que je vais dire est banal, évident.

1. Comme la note, la légende doit être placée là où le lecteur la cherchera, c'est-à-dire qu'elle doit accompagner l'illustration : soit « collée » à celle-ci (dessous ou sur le côté), soit, au minimum, sur l'une des faces de la double page[70].

2. Éviter des frustrations au lecteur en le privant de renseignements qu'il aimerait connaître. Par exemple, pour la reproduction d'un tableau, non seulement donner le nom du peintre ainsi que son titre, mais aussi sa date d'exécution, le musée où l'on peut le contempler... Même si ces renseignements figurent dans le texte principal.

On a le droit de feuilleter un album, de s'arrêter sur une illustration, sans rechercher où cette dernière est commentée dans le texte. On a même le droit de ne pas lire ce texte (parfois d'ailleurs d'un intérêt secondaire).

Un livre sur deux, un périodique sur deux (et je suis indulgent) ne respectent pas ces principes élémentaires. Alors... je maintiens l'article.

Gare au procès : toujours donner la référence du photographe ou de l'agence de documents, quitte à la composer en corps 5 sur l'une des dernières pages libres du livre ou du périodique.

⊘ Citations

Je l'ai déjà signalé, l'œil du lecteur, même celui du bon lecteur, avide de progresser dans la production d'un sens, ne perçoit pas ou ne mémorise pas toujours certains signaux typographiques qui semblent évidents au typographe ou au graphiste. C'est notamment vrai pour les <u>guillemets</u>, dont la fonction est de <u>marquer les citations</u>.

Le code typographique propose de les placer :

- en début de la citation ;
- en fin de la citation ;
- si celle-ci comporte plusieurs paragraphes, au début de chacun d'eux.

Mon opinion

Si la citation est longue, si ses paragraphes sont longs, si son ton est proche de celui du texte principal, le lecteur peut ne pas remarquer les guillemets qui le

---

70. *À l'extrême rigueur, la page précédant ou suivant cette double page dans le cas d'illustration « à fond perdu », sans marge blanche.*

terminent. Et s'il les perçoit, il aura peut-être oublié les premiers guillemets qui ouvraient l'extrait. Bref, les guillemets ouvrants et fermants ainsi placés se révèlent insuffisants pour individualiser la citation.

Le remède

Ouvrir chacune des lignes de cette citation par des guillemets afin d'individualiser le bloc typographique la composant, par cet alignement vertical gauche de guillemets. Si le programme de composition ne permet pas de réaliser commodément cette solution :

- soit composer la citation en italique, et éventuellement dans un corps supérieur ;
- soit la composer sur une justification différente de celle du texte principal.

Dans l'un et l'autre cas, cela n'exclut pas pour autant des guillemets en début et en fin d'extrait.

Voir aussi *Guillemets*, p. 68.

⊙ Copyright (d'un livre)

Le copyright est destiné à marquer le droit de protection des auteurs contre toute reproduction donnée sans leur accord. Il est composé sur la page de titre, ou face à celle-ci, ou à son verso, voire en dernière ou avant-dernière page du livre avec la mention, obligatoire : © éditeur, année (facultatif : ville).

⊙ Achevé d'imprimer et dépôt légal (d'un livre)

L'obligation légale

L'achevé d'imprimer est habituellement placé en dernière ou en avant-dernière page du livre. Il est libellé comme suit :

> Achevé d'imprimer le... *date, année*
> sur les presses de l'imprimerie : *raison sociale* et *domicile*

Il est suivi ou précédé du texte concernant le *dépôt légal* :

> Dépôt légal, *mois, année*
> numéro d'éditeur : XXX[71]
> numéro d'impression : XXX[71]

71. *Le numéro d'éditeur et le numéro d'impression sont tous deux établis chronologiquement au fur et à mesure de la création de l'ouvrage chez l'éditeur, de son impression chez l'imprimeur.*

121

Le dépôt légal

Obligations[72]	Quoi?	Qui?	Combien?
Le dépôt légal concerne les publications imprimées ou reproduites, quel que soit leur procédé d'édition ou de diffusion. Il est obligatoire dès lors que ces publications sont, à titre gratuit ou onéreux, mises à la disposition du public[73].	Publications non périodiques	L'éditeur[74]	Quatre exemplaires [76]
			Un exemplaire
		L'imprimeur[75]	Deux exemplaires[77]
		L'importateur	Deux exemplaires
			Un exemplaire
	Publications périodiques	L'éditeur	Quatre exemplaires
			Un exemplaire
		L'imprimeur	Deux exemplaires
		L'importateur	Deux exemplaires
			Un exemplaire
			Un exemplaire

72. Se référer aux textes juridiques de référence suivants : Loi n° 92-546 du 20 juin 1992 relative au dépôt légal (*Journal officiel* du 23 juin 1992) ; Décret n° 93-1429 du 31 décembre 1993 relatif au dépôt légal (*Journal officiel* du 1er janvier 1994); Arrêté du 12 janvier 1995 (*Journal officiel* du 20 janvier 1995) concernant les mentions à faire figurer sur les déclarations accompagnant le dépôt légal (*Journal officiel* du 20 janvier 1995); Arrêté du 12 janvier 1995 concernant les mentions obligatoires à faire figurer sur les documents soumis au dépôt légal (*Journal officiel* du 20 janvier 1995).

73. Livres, brochures, périodiques et autres, à la seule exception des travaux d'impression dits de ville et de commerce: lettres d'invitation, cartes de visite, étiquettes, etc.

74. Éditeur: tout éditeur ou toute personne physique ou morale qui en tient lieu (imprimerie, association, syndicat, société civile ou commerciale, auteur éditant lui-même ses œuvres, dépositaire principal d'ouvrages importés, administration publique).

75. Imprimeur: tout imprimeur, graveur, photographe ou toute personne produisant une œuvre des arts graphiques par un procédé, quel qu'il soit. « Lorsque la confection d'un ouvrage nécessite la collaboration de plusieurs imprimeurs ou façonniers, le dépôt est effectué par celui d'entre eux qui effectue la livraison définitive à l'éditeur. » (Art. 8.2. du décret du 31 décembre 1993 relatif au dépôt légal)

Où ?	Quand ?	Comment ?[80]	Mentions[81]
À la Bibliothèque nationale de France	Au plus tard, le jour de la mise en circulation du document	Une déclaration de dépôt en trois exemplaires accompagne chaque titre. Les dépôts se font : - par courrier, en franchise postale (Indiquer sur l'envoi « Franchise postale – Loi n° 92-546 du 20 juin 1992 – Dépôt légal ») ; - à la Bibliothèque nationale de France, du lundi au vendredi de 9 h à 17 h.	- le nom (ou la raison sociale) et l'adresse de l'éditeur ; - le nom (ou la raison sociale) et l'adresse de l'imprimeur ; - la date de l'achèvement du tirage ; - éventuellement, l'ISBN[82] et/ou l'ISSN[83] ; - la mention « dépôt légal », suivie du mois et de l'année.
Au ministère de l'Intérieur			
À la bibliothèque habilitée à recevoir le dépôt légal d'imprimeur pour la région[78]	Dès l'achèvement du tirage ou de la fabrication		
À la Bibliothèque nationale de France	Au plus tard, le jour de la mise en circulation du document		
Au ministère de l'Intérieur			
À la Bibliothèque nationale de France	À la parution du premier numéro[79], puis, à la parution du dernier numéro de chaque année	Une déclaration de dépôt en trois exemplaires accompagne le premier numéro du périodique déposé. Une déclaration récapitulative est ensuite envoyée pour l'ensemble des numéros déposés durant l'année. Les dépôts se font : - par courrier, en franchise postale (Indiquer sur l'envoi « Franchise postale – Loi n° 92-546 du 20 juin 1992 – Dépôt légal ») ; - à la Bibliothèque nationale de France, du lundi au vendredi de 9 h à 17 h.	- le nom (ou la raison sociale) et l'adresse de l'éditeur ; - le nom du directeur de publication ; - le nom (ou raison sociale) et l'adresse de l'imprimeur ; - la date de parution et de dépôt légal ; - éventuellement, l'ISSN[83].
Au ministère de l'Intérieur pour les éditeurs parisiens			
À la bibliothèque habilitée à recevoir le dépôt légal d'imprimeur pour la région	Dès l'achèvement du tirage ou de la fabrication		
À la Bibliothèque nationale de France	Au plus tard, le jour de la mise en circulation du document		
Au ministère de l'Intérieur pour les importateurs parisiens			
À la préfecture du département pour les importateurs hors Paris			

76. Un seul exemplaire si le tirage est inférieur à 300.

77. Un seul exemplaire pour les rééditions sans changement, les ouvrages de luxe tirés à moins de 300 exemplaires, les estampes tirées à moins de 200 exemplaires. Sont exclues du dépôt légal d'imprimeur les éditions musicales.

78. Pour la liste des bibliothèques habilitées à recevoir le dépôt légal d'imprimeur, voir l'Arrêté du 16 décembre 1996 (*Journal officiel* du 29 décembre 1996).

79. Ou à l'occasion d'une modification de titre, de format.

80. Les formulaires de déclaration sont disponibles sur le site Internet de la Bibliothèque de France : **www.bnf.fr**, rubrique « Informations pour les professionnels » ou auprès des services concernés.

81. Ces mentions sont habituellement inscrites à la dernière page de l'ouvrage ou sur la page 2, après la page de titre.

82. L'ISBN (*International Standard Book Number*) est un numéro international normalisé d'identification des livres. Pour obtenir un ISBN, il faut s'adresser à l'AFNIL (Agence francophone pour la numérotation du livre).

83. L'ISSN (*International Standard Serial Number*) est un numéro international normalisé d'identification des publications en série (périodiques et collections de monographies). C'est sans formalité qu'il est attribué aux périodiques déposés à la Bibliothèque nationale de France.

123

Ces mentions peuvent être composées simplement en corps 7, 8 ou 9.

Signalons, à propos des obligations légales, la nécessité d'affecter à chaque publication un numéro ISBN.

Remarques

– Pour les réimpressions de livres, il convient, après le dépôt de l'édition originale, d'adresser chaque année à la Bibliothèque nationale de France une déclaration globale des chiffres des différents tirages.

– Outre les prescriptions légales, il est recommandé aux éditeurs de périodiques d'informer la Bibliothèque nationale de France et le ministère de l'Intérieur de toute suspension de publication d'un périodique.

Éditions numérotées

Il est d'usage pour les ouvrages de bibliophilie – ou de pseudo-bibliophilie – de signaler la marque du papier utilisé, le chiffre de tirage et le numéro de l'exemplaire au sein de celui-ci.

Colophon

C'était, dans l'Antiquité, puis au Moyen Âge, puis sur les premiers incunables, un texte placé en fin d'ouvrage et caractérisant celui-ci : nombre de feuilles, de colonnes, de mots… (pour les *volumen* ou rouleaux) ; puis : titre, auteur, éditeur, date… (pour les livres). Ces dernières mentions figurant de nos jours pour l'essentiel en page de titre, le colophon a disparu et a été remplacé par l'achevé d'imprimer. À moins que l'éditeur ne manifeste un certain soin pour la rédaction et la typographie de celui-ci, par exemple dans le cas d'une édition numérotée.

Psychologie
et styles

◯ Psychologie de la typographie

En quoi la typographie d'un texte peut-elle influencer le lecteur, indépendamment de l'écriture et du sens de ce texte ?

Il faut d'abord être conscient que ce lecteur est beaucoup moins sensible aux effets psychologiques visuels que le concepteur graphique ne l'imagine. Ses variations, ses nuances visuelles ne seront généralement pas « vues » par le lecteur. À moins qu'elles ne soient d'importance.

Pour un texte suivi : le lecteur sera sensible :

- à la couleur typographique : plus celle-ci est « noire », plus le texte semble sérieux ;
- au format : plus celui-ci sort des normes courantes (plus grand, allongé, carré…), plus il pensera posséder un livre de qualité ;
- aux marges : plus celles-ci sont importantes, plus il se croira dépositaire d'un objet rare.

Pour des titres et courts textes isolés composés en gros corps : le lecteur perçoit le dessin des lettres ; il sera sensible à leur style de même qu'aux rapports qu'il croit exister entre ce style et le sens des mots ainsi composés. C'est ce qu'illustrent les exemples ci-dessous.

Figure Q

Car c'est évidemment en publicité que ces « jeux » sont les plus pratiqués, les plus efficaces, les plus acceptables. Il convient de les exercer avec prudence dans la presse ou le multimédia, et avec encore plus de modération et de précaution dans les livres. Une exception dans ce dernier secteur : les couvertures, précisément parce qu'elles sont la vitrine, la promotion des pages et textes qu'elles recouvrent. Dernier exemple qui relève, lui, du divertissement pur : le degré ultime de la subordination des dessins des lettres à la signification du mot, les *mots-images* de Jean Alessandrini dont on trouvera quelques reproductions ci-dessous.

126

Quelques exemples de mots-images

Jean Alessandri :

Jesus Emilio Franco :

⊙ Les styles graphiques du XIXᵉ siècle à nos jours

Le concept de *style graphique* se rapporte tantôt au type de caractère, tantôt au type de composition et de mise en page. Quelques exemples :

Le style romantique

Il est caractérisé – pour la première fois dans l'histoire du livre – par le mélange :

- d'une part, de caractères Didot très épurés, l'empattement triangulaire des lettres des siècles précédents étant réduit à un mince trait horizontal ;
- d'autre part, de caractères dits « fantaisie » : tantôt des gothiques, des lettres ombrées, éclairées, ornées ;
- et des vignettes nombreuses et variées ainsi que des illustrations.

On retrouve son influence de nos jours :

- chez des créateurs de polices de caractères, fascinés par les exubérances de certains alphabets fantaisie, et qui, profitant des facilités permises par le numérique, ont lâché la bride à leurs pulsions graphiques ;
- chez les publicitaires mélangeant caractères divers, vignettes, dessins, en faveur de produits évoquant un bon vieux passé.

|Voir *Reproduction couleur*, p. I.

Le *Modern style*, dit encore « style nouille »

C'est celui des anciennes stations de métro, des affiches, des vaisselles, aux décors tout en courbes molles. Deux caractères de qualité symbolisent cette école : le Grasset (1897) et encore plus l'Auriol (1901). Après un assez long purgatoire, cette typographie est rentrée en grâce, comme en témoigne le succès mondial du caractère Souvenir créé par la firme américaine ITC.

|Voir *Reproduction couleur*, p. II.

Le style Art-déco (par référence à l'Exposition internationale des arts décoratifs de Paris en 1925)

Les courbes ont cédé la place à des droites privilégiant des orientations obliques et des structures dissymétriques, mais gratuitement, sans justification ni esthétique, ni fonctionnelle. Une exception parmi les médiocrités ainsi enfantées : le Bifur (1929) dessiné par Cassandre.

|Voir *Reproduction couleur*[72], p. III.

---

72. *D'après* L' Annuaire des métiers de luxe, *Paul Poiret éditeur, 1928, DR.*

127

La typographie suisse et le style international

Style inspiré un peu tardivement par le Bauhaus (1920-1930), théorisé par des typographes suisses, notamment Emil Ruder, et qui fit fureur dans le monde entier dans les années 1950-1960. Il était caractérisé par des compositions uniformes et austères, n'utilisant qu'une seule famille de caractères – une antique, par exemple l'Helvetica –, en une seule graisse et suivant un seul corps. Ici, une esthétique ascétique (puritaine) prenait le pas sur tout fonctionnalisme. La page était faite pour être *vue*, pas pour être *lue*. Intégrées dans les pratiques graphiques commerciales, ces tendances « fonctionnalistes » (dont la forme exprime les fonctions) donneront naissance au style international, qui se répandra à travers le monde.

|Voir *Reproduction couleur*, p. IV.

Le style éditorial

J'entends par là un style visuel, moins typé que ceux cités plus haut, inspiré par l'animateur d'une maison d'édition ou de publicité et qui conférera à ses « choses imprimées » une certaine unité, une image, une personnalité graphique reflet d'une marque. Il résulte généralement de la combinaison de plusieurs facteurs : proportions des formats, des blancs, structures des couvertures, de mise en page (macrotypographie), types de caractères, genre d'illustrations, couleur dominante (lorsqu'il y en a)… : fruits de son tempérament, de sa culture, de ses goûts, voire de ses fantasmes d'éditeur ou de publicitaire. L'effet, répété sur tous les produits publiés, sera perçu – en général inconsciemment – par le lecteur, l'acheteur, suscitant chez lui sympathie et fidélité. Ce style – pas toujours aisé à codifier – s'oppose à la soumission automatique aux modes graphiques successives, sans refuser pour autant d'intégrer certaines novations (ou redécouvertes). Mais il n'assimile pas le changement systématique à la véritable créativité, s'opposant à cette crédulité – si fréquente dans nos métiers – qui associe changement et succès. On le rencontre chez quelques éditeurs et publicitaires de taille petite ou moyenne, le fonctionnement des grandes entreprises rendant plus difficile l'adoption d'un style et quasi impossible sa pérennité.

|Voir *Reproduction couleur*, p. V.

⊙ Le style romantique

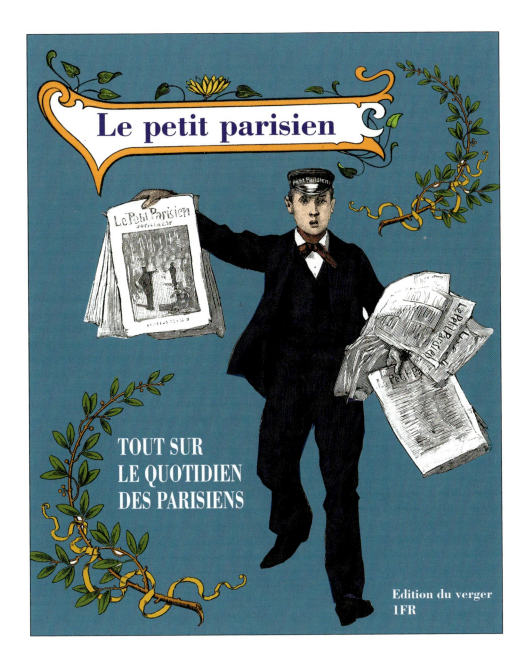

⊘ Le style nouille

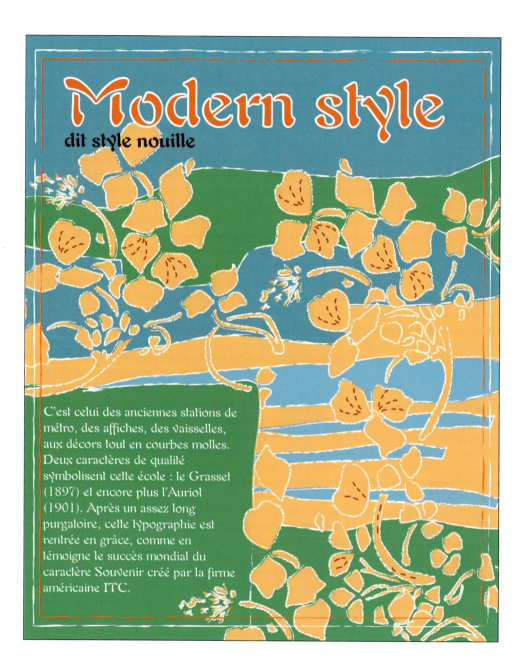

Modern style

dit style nouille

II

C'est celui des anciennes stations de
métro, des affiches, des vaisselles,
aux décors tout en courbes molles.
Deux caractères de qualité
symbolisent cette école : le Grasset
(1897) et encore plus l'Auriol
(1901). Après un assez long
purgatoire, cette typographie est
rentrée en grâce, comme en
témoigne le succès mondial du
caractère Souvenir créé par la firme
américaine ITC.

⊙ Le style Art-déco

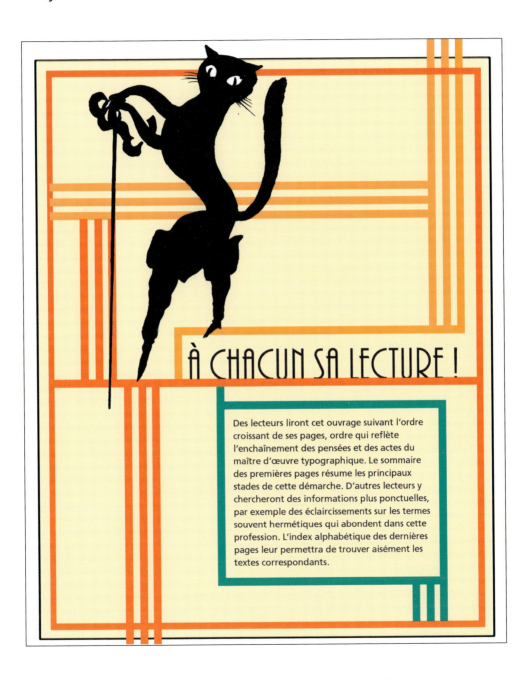

À CHACUN SA LECTURE !

Des lecteurs liront cet ouvrage suivant l'ordre croissant de ses pages, ordre qui reflète l'enchaînement des pensées et des actes du maître d'œuvre typographique. Le sommaire des premières pages résume les principaux stades de cette démarche. D'autres lecteurs y chercheront des informations plus ponctuelles, par exemple des éclaircissements sur les termes souvent hermétiques qui abondent dans cette profession. L'index alphabétique des dernières pages leur permettra de trouver aisément les textes correspondants.

III

> La typographie suisse

balzac
mauriac
flaubert
zola
malraux
corneille
stendhal
hugo
maupassant
racine
verne
chateaubriand
molière

IV

⊙ Le style éditorial

ALICE FERNEY

LA CONVERSATION
AMOUREUSE

ROMAN

HUBERT NYSSEN
LIRA BIEN
QUI LIRA LE DERNIER
LETTRE LIBERTINE SUR LA LECTURE

V

⊙ Le Pop et la postmodernité

⊚ Tendances hédonistes

⊘ Retour à l'ordre et assimilation

LES ARTS GRAPHIQUES

Retour à l'ordre et assimilation : en réaction
à la consommation de masse et à la
déconstruction qui lui est liée, un certain
minimalisme, une forme d'austérité et un
design conformiste s'affirment avec force
et fracas. La gratuité des effets de style
n'est plus d'actualité et l'importance du
contenu et de la lisibilité revient sur le
devant de la scène.

Un style actuel[84]

Définir un « style actuel » est une tâche plus que délicate. Si différentes tendances peuvent être esquissées, chacune d'entre elles demeure cependant irréductible à une théorie homogène. Toutes coexistent aujourd'hui et sont partie prenante de la culture « mosaïque » propre aux temps modernes.

Le Pop et la postmodernité : c'est avec, entre autres, les dadaïstes que la typographie change de statut. Elle ne sert plus simplement à mettre en forme, à transcrire des textes en caractères d'imprimerie, mais participe dorénavant pleinement à la création de l'auteur. Devenue une véritable « parole visuelle », la chose imprimée se consacre à la mise en scène du sens : conception graphique et création artistique se fondent l'une dans l'autre. On citera Neville, les graphistes du Voxer magazine, de Designlab, etc.

Après les bouleversements et les perspectives nouvelles créées par des mouvements divers, comme le dadaïsme ou le futurisme, l'austérité quitte le champ graphique. La couleur, le dessin décoratif, la remise à l'honneur de formes populaires, voire « underground », font souffler le vent de la postmodernité.

Tendances hédonistes : la société de consommation finit par influencer également les créations graphiques, qui se mettent rapidement au service d'un public de… consommateurs. Magazines et médias, affiches, publicités, etc. : d'innombrables objets promotionnels portent la marque d'une déstructuration graphique, qui rompt radicalement avec la logique de la lecture. David Carson, Scott Clum et Klaus Mai sont des hédonistes.

Retour à l'ordre et assimilation : en réaction à la consommation de masse et à la déconstruction qui lui est liée, un certain minimalisme, une forme d'austérité et un design conformiste s'affirment avec force et fracas. La gratuité des effets de style n'est plus d'actualité et l'importance du contenu et de la lisibilité revient sur le devant de la scène. En témoignent Massin, Pierre Mendel et Clotilde Olyff.

Enfin, les designers de mise en page électronique jouent aujourd'hui avec des logiciels graphiques dont ils utilisent pleinement les innombrables possibilités : le webdesign est né.

129

---

84. Voir Mermoz G., « Le design graphique », in Combier M., Pesez Y. (sous la dir. de),
Encyclopédie de la chose imprimée, Paris, Retz, 2004, p. 70-88.

Typographie
et mise en page sur écran

Olivier Binisti

Introduction

Écrire et mettre en page pour l'écran est une approche très différente de l'approche requise pour l'imprimé. Dans le cas du papier, le support est matériel, fini et totalement défini (couleur, grammage, pagination, etc.) par l'auteur et l'éditeur ; dans le cas de l'écran, le support est immatériel (dans le principe, car l'écran en tant que tel est bien un objet), quasi infini (la profondeur est totale, et la seule limitation est celle de la capacité du disque dur) et seulement partiellement défini par le créateur (la configuration de l'utilisateur influant également sur la création).

⊙ L'affichage sur le moniteur

L'écran, le moniteur sur lequel les données sont imprimées, ne fait que retranscrire et afficher des <u>informations numériques</u> : en tant que tel, l'écran est un intermédiaire entre le disque dur et les yeux du lecteur. L'une de ses particularités est que, quand bien même sa taille et son volume sont définis (on parle d'écran 15 pouces, 17 pouces, 20 pouces, etc., ce qui est d'ailleurs quelque peu perturbant lorsque l'on est habitué au système métrique), <u>la résolution d'affichage</u>, c'est-à-dire le nombre de points qui peuvent être affichés, peut <u>varier</u> pour une même taille d'écran. Ainsi, sur un écran 15 pouces, on peut aussi bien utiliser une résolution de 800 pixels (ou points) de large par 600 pixels de haut qu'une résolution de 1 024 pixels par 768 pixels. Dans le premier cas, l'écran est composé de 480 000 points, tandis que, dans le second cas, on en aura 786 432. Ainsi, plus la résolution sera élevée (640 par 480, 800 par 600, 1 024 par 768, etc.), plus un grand nombre de points sera affiché sur l'écran. En augmentant la résolution, il est donc possible d'afficher plus d'informations sur un même espace physique fini, le moniteur. L'inconvénient est que ces informations seront plus petites : pour afficher plus de points sur un écran, la seule solution est en effet d'en réduire la taille, les écrans n'étant pas élastiques (en tout cas pas encore, car cette technologie est actuellement en développement !).

Ce simple élément ouvre de nombreuses pistes de réflexion quant aux contraintes de la création pour l'écran : si, selon la résolution choisie par un utilisateur, ce qui est censé tenir sur une seule page-écran peut en <u>déborder</u> et obliger à utiliser les ascenseurs de navigation[1], la réflexion de l'auteur ou du maquettiste devient plus

---

1. *Les ascenseurs de navigation sont les flèches situées sur le côté droit, au bas de la fenêtre consultée par l'internaute, qui permettent de descendre, de remonter ou de naviguer latéralement dans une page.*

Exemples

Éléments présents sur un écran plat de 15 pouces, avec une résolution
de 800 par 600 pixels

Éléments présents sur un écran plat de 15 pouces, avec une résolution
de 1 024 par 768 pixels

complexe. L'auteur ne peut plus se préoccuper du seul <u>contenu</u>, et doit prendre en compte la <u>forme</u> que ce contenu aura lorsqu'il sera consulté[2]. Forme et fond sont ainsi intrinsèquement liés, la forme venant même définir comment le fond doit être construit pour être lisible (et, plus important encore, lu !).

En outre, ainsi que nous l'expliquerons ultérieurement, le concepteur d'une page ou d'un document-écran ne décide pas pleinement de l'apparence finale de son document. L'utilisateur final a toujours la possibilité de <u>modifier</u> les préférences d'affichage – fonte de caractères utilisée par défaut, couleur, résolution d'affichage, etc. ; il peut, de la sorte, <u>imposer ses choix</u>. Ce qui constitue une <u>liberté</u> pour l'utilisateur final est ainsi une grande <u>contrainte</u> pour le créateur. Mais cette liberté permet aussi de mieux définir ce qui est possible et ce qui ne l'est pas en matière de création-écran, à partir du moment où l'objectif est qu'un document soit <u>lisible par tous</u>, malgré ces évidentes contraintes.

Nous insistons sur ce point car c'est véritablement là la contrainte fondamentale de la création pour l'écran. Autant, dans la création d'un document imprimé, l'éditeur ou l'auteur impose le support de visualisation (la taille du livre, la taille des caractères, le nombre de signes par ligne et par page, l'ordre de lecture, etc.), autant, dans la création pour l'écran, c'est l'utilisateur qui impose son support de visualisation à l'auteur, et vient donc intervenir sur la création proposée. Il s'agit donc pour l'auteur d'intégrer ces multiples configurations dans sa réflexion, afin de bâtir un document (site Web, courriel ou autre) susceptible d'être lisible par le plus grand nombre possible de lecteurs et de garder une cohérence d'ensemble.

⊘ Papier et écran, des principes de lecture différents

Différents de par leur support, le papier et l'écran le sont également par les principes de lecture qu'ils imposent.

Dans le cas du papier

Nous sommes dans un principe de <u>lecture linéaire</u>, le lecteur avançant de page en page. Bien entendu, il est possible de survoler et de feuilleter le livre, de « sauter »

---

2. *Il faut savoir que la mesure d'une taille à l'écran change selon le type d'écran. Ainsi, si, sur un écran cathodique de 17 pouces utilisant une résolution de 1 280 par 960 pixels, on reproduit un cercle, il faut, pour obtenir un cercle similaire sur un écran LCD de 17 pouces, utiliser une résolution de 1 280 par 1 024 pixels. En effet, sur un moniteur LCD, et contrairement à ce qui se passe pour un moniteur cathodique, le pixel ne s'inscrit pas dans un cercle mais est constitué de trois petits rectangles verticaux. Le pixel n'est donc pas symétrique et la définition verticale est de 77 points par pouce, contre 100 points par pouce pour la définition horizontale : pour reproduire un même élément, on est ainsi obligé d'utiliser deux résolutions différentes sur un moniteur cathodique et sur un moniteur LCD.*

une ou plusieurs pages, de passer à un chapitre sans lire le précédent, etc. L'auteur, lui, bâtit son document en réfléchissant à l'ordre de lecture qui lui paraît le plus adapté, et le plus aisé à suivre.

Dans le cas de la lecture à l'écran

Nous sommes dans un principe de lecture séquentielle : les différentes pages sont reliées entre elles, et le lecteur peut facilement passer de la page 1 à la page 6, même si ce n'est pas forcément l'ordre qui paraissait le plus pertinent à l'auteur. Dans ce principe de lecture séquentielle, l'auteur propose au lecteur des chemins de lecture à partir d'une porte d'entrée, d'une page donnant accès à de multiples autres pages. En outre, la lecture séquentielle, et donc le mode d'écriture qui en découle, implique, pour la plupart des documents créés, la notion d'*hyperlien*. Cette notion est au cœur des documents Internet : il s'agit de la possibilité d'établir, depuis un document (mot ou image, principalement), un lien vers un autre document, que celui-ci soit présent en interne (dans le même site Internet) ou en externe (sur un autre site). En cliquant sur un document, et à condition que celui-ci pointe vers un autre document (page Web, fichier, adresse de courriel…), on peut naviguer d'un document à l'autre… jusqu'à, parfois, ne plus savoir quel était son point de départ.

Aussi, lors de la création d'un document-écran, l'auteur peut, et même doit « penser » sa création comme étant un élément intégré dans un ensemble. Il doit définir son document non comme une suite logique de contenus qui s'enchaînent mais comme une construction, comme une toile d'araignée (on parle aussi d'« arborescence ») permettant de passer d'un point à un autre, sans forcément suivre un chemin prédéfini.

Au-delà de ces premières réflexions, qui seront approfondies par la suite, l'objectif de cette partie est de proposer au lecteur les outils conceptuels et les informations pratiques qui lui permettront, à titre amateur ou professionnel, de présenter de la manière la plus efficace possible les informations qu'il souhaite diffuser. Que ces informations prennent la forme d'un site Internet, d'un diaporama, d'une lettre d'information ou d'un courriel, des principes similaires se retrouvent, qui permettent de rendre la lecture sur écran aisée et performante. Nous montrerons que l'écran est un support de lecture spécifique à penser comme tel, avec ses contraintes, ses limites, mais aussi avec les nombreuses possibilités qu'il offre. La mise en page pour l'écran est un travail spécifique, qui nécessite une réflexion centrée sur ce support particulier qui est aussi un outil.

Les bases de l'écriture sur écran

Les principes d'organisation et de présentation spécifiques à la lecture sur écran

La lecture sur ordinateur est une lecture rapide : l'écran, à la différence du papier, fatigue les yeux. Cet inconvénient matériel oblige à une organisation des éléments présents à l'écran qui permet à l'utilisateur de visualiser rapidement les informations importantes. En sus de la fatigue visuelle (laquelle peut être diminuée par l'utilisation d'un écran LCD qui ne scintille pas), différentes études[3] ont montré que les utilisateurs, en particulier les internautes, ne restent que très peu de temps devant un écran. Face à un double impératif extérieur, il est donc nécessaire de faciliter les choses pour l'utilisateur, en lui présentant le contenu de façon claire et efficace.

Cela implique en particulier :
- de ne pas multiplier l'usage – et surtout le mésusage – des polices de caractères ;
- de ne recourir que parcimonieusement à la couleur, et d'être attentif aux harmonies de couleurs ;
- de hiérarchiser les rubriques et les informations pour que l'importance des données les unes par rapport aux autres soit apparente ;
- de regrouper les éléments en petits blocs élémentaires d'information, interactifs si besoin est.

Grâce à une série d'indicateurs perceptifs, graphiques et d'orientation[4], le lecteur sera ainsi capable de « décoder » les informations qui lui sont présentées, d'en comprendre la hiérarchie et d'identifier les liens qui existent entre les éléments (de la même façon que la « une » d'un quotidien permet de connaître les principales informations présentées dans le journal et informe sur la manière de les consulter).

---

3. *« Les temps de téléchargement : leurs effets sur les internautes »,*
   http://www.lergonome.org/pages/detail_articles.php?indice=8, 2001.
   « Quoi de neuf sur les temps de téléchargement des pages Web »,
   http://www.lergonome.org/pages/detail_articles.php?indice=24, 2004.
4. *Casanova X., Cohen J., « Grille d'analyse visuelle des interfaces graphiques »,*
   Documentaliste – Sciences de l'information, vol. 38, n°s 5-6, 2001, p. 284-289.

Les indicateurs visuels

Les indicateurs perceptifs

Ils se caractérisent par l'organisation de l'écran en blocs et en paragraphes, par le groupement des éléments informationnels par similitude ou par proximité, par la hiérarchisation et la proportion des zones (ou blocs d'information) qui composent la surface.

Une organisation claire de l'écran permet de discriminer les données et donc d'indiquer au lecteur ce qui est important et ce qui ne l'est pas : ces indicateurs perceptifs sont ainsi le moyen de hiérarchiser les contenus, de les ordonner autant que d'orienter le lecteur dans le document qui lui est proposé (qu'il s'agisse d'un site Web, d'un diaporama, d'une lettre électronique[5], etc.).

Les indicateurs graphiques

Ils se fondent, pour leur part, sur :
- la distinction typographique (polices de caractères utilisées, couleurs et alignement de ces polices) ;
- la hiérarchisation typographique (taille des caractères, luminance, contraste) ;
- l'homogénéité visuelle (tracé de mise en page, charte typographique, icônes et symboles utilisés).

En jouant sur la taille des caractères, on pourra définir une hiérarchie de l'information et indiquer à l'utilisateur les informations qui sont de niveau 1, celles qui sont de niveau 2, de niveau 3, etc. Pour un article, il suffit ainsi de proposer deux tailles de caractère (corps 14 pour le titre, corps 12 pour le texte, par exemple) et de graisser les intertitres et le chapeau pour identifier simplement les zones de lecture, les blocs d'information. Ensuite, l'utilisation d'icônes ou de symboles viendra identifier la rubrique ou le type d'information : l'utilisateur saura ainsi toujours clairement où il se trouve et le niveau d'importance de l'information qui lui est présentée.

Au contraire, la multiplication des polices de caractères, des tailles et des graisses différentes dans un même texte, *a priori* pour mettre en avant telle ou telle information, vient plus souvent perturber la lecture, et la rendre plus difficile, plus besogneuse.

5. Nous utilisons ici le terme de « lettre électronique », et non pas de « courriel » : le courriel désigne le message envoyé par le biais d'un logiciel de messagerie électronique ; la lettre électronique est, ici, une lettre d'information autour d'une thématique spécifique, assimilable à une lettre d'information traditionnelle, imprimée.

Les indicateurs d'orientation (ou d'interactivité)

Ils concernent la localisation (rubriques en page d'accueil, sous-rubriques, traçabilité du parcours) et la navigation (grâce à des repères spatiaux, linguistiques et graphiques). Ils sont particulièrement adaptés aux sites Internet, mais sont aussi à prendre en compte pour d'autres documents à lire à l'écran, tels les diaporamas. Ils permettent de découper l'écran en zones claires, de fournir des repères à l'utilisateur pour aller d'une séquence d'information à une autre, sans se poser de questions sur le contenu qu'il trouvera derrière le bouton[6] sur lequel il clique, etc.

La mise en œuvre des règles induites par ces indicateurs perceptifs, graphiques et d'orientation permet de bâtir des documents facilement lisibles. Ils sont à la base de la mise en page pour l'écran et c'est en les intégrant à la réflexion créative qu'il est possible d'imaginer des documents agréables à lire… et à relire.

L'écran : un support de lecture séquentielle

⊙ Une structuration de l'information nécessaire

Comme nous l'avons déjà dit, l'écran implique une lecture séquentielle des documents. Cela veut dire que, en s'appuyant sur les indicateurs précédemment décrits, les informations à présenter devront être découpées de manière logique, en fonction des niveaux d'importance de l'information. Il s'agit là d'une démarche d'organisation visuelle de l'information qui rappelle les principes du *mind mapping*[7] : les informations secondaires convergent vers une information primaire. On partira ainsi de cette information de base, de cet élément d'introduction pour renvoyer vers les données subsidiaires. Par exemple, dans un site Internet ou une lettre d'information, ce seront ainsi des chapeaux ou des textes introductifs qui pointeront sur une, deux, *x* informations connexes, chacune de ces informations devant aussi pouvoir renvoyer à toutes les autres données connexes.

L'application de ce principe passe par la structuration des informations en blocs ou en paragraphes courts, par la mise en place d'une architecture de l'information.

---

6. *Par « bouton », on désigne de façon générique les éléments de navigation qui permettent d'aller d'une rubrique à une autre, et qui sont souvent des éléments graphiques intégrés à une « barre de navigation » regroupant l'ensemble de ces boutons, donc l'ensemble des intitulés de rubriques du site Web.*

7. *Buzan T. et B.,* Mind Map : Dessine-moi l'intelligence, *Paris, Éditions d'organisation, 2003.*

Avec ces blocs informatifs, on crée des tiroirs et des couloirs de lecture : le lecteur « entre » ainsi dans un bloc d'information pour explorer les données proposées, et va de séquence d'information en séquence d'information. Il ouvre un tiroir (*via* un hyperlien, par exemple) et entre dans un bloc informatif. Les autres blocs sont présents à l'écran, soit directement, soit *via* des intitulés de rubriques : idéalement, les données seront présentées en colonnes et en blocs afin de les identifier clairement et de permettre à l'utilisateur de passer d'une information à une autre.

Une véritable architecture de l'information

Ce n'est donc pas sans raison que l'on parle « d'architecture de l'information ». Il s'agit, lorsque l'on va créer un document qui sera lu à l'écran, de le penser comme un ensemble cohérent, reposant sur des fondations stables (la typographie, les couleurs, les espaces d'inscription des données) qui vont permettre à l'utilisateur de circuler aisément d'un espace à un autre, d'un bloc à un autre, en empruntant des couloirs, des chemins de navigation. Et aucun des éléments visuels proposés à l'utilisateur, dans la configuration matérielle qui est la sienne, ne doit le freiner dans son cheminement.

139

Les logiciels bureautiques

Les logiciels de traitement de texte et de présentation (création de diaporamas) obéissent aux règles d'une mise en écran spécifique. Si la démarche est différente de la création pour Internet, puisque la maîtrise du document y est beaucoup plus complète, un certain nombre de règles sont à suivre pour une plus grande rigueur et une meilleure lisibilité.

⊙ Les polices de caractères

Lors de la création d'un document, il est indispensable de s'assurer que les destinataires disposent, sur leurs ordinateurs, des polices de caractères utilisées dans ledit document. C'est une contrainte absolue à laquelle l'auteur d'un document ne peut échapper s'il veut être certain que le lecteur lira le document tel qu'il a été créé et pensé : c'est l'équipement du lecteur qui est prépondérant par rapport aux choix de création de l'auteur. L'auteur doit donc utiliser des polices « standard » (Times, Times New Roman, Arial, par exemple) ou fournir à ses lecteurs les polices utilisées dans son document (en versions PC et Mac!). Si tel n'est pas le cas, la mise en page sera modifiée, et la police qui aura été choisie sera remplacée par la police utilisée par défaut par le destinataire. Par exemple, si le document, créé avec un Macintosh®, utilise la police Helvetica, le correspondant sous Windows verra forcément le document avec une autre police de caractères, Helvetica n'étant pas disponible pour ce système d'exploitation.

L'exemple donné ci-contre permet aussi de visualiser un élément important : un corps 13 dans une police x est différent d'un corps 13 dans une police y. Dès lors, tout changement de police (usage du Times en lieu et place du Textile, par exemple) vient transformer la mise en page. Comment conserver cette dernière ? En utilisant le format PDF, qui assure que le document apparaîtra, sur n'importe quel écran, tel qu'il a été créé.

Exemple

Le titre ci-dessous utilise la police de caractère Textile, avec un corps 13. Le sous-titre utilise, lui, le corps 11. Il faut savoir que, par défaut, la police Textile passe le texte en italique et le graisse.

La lettre d'information des Éditions Retz

Numéro de mai 2005

Or, ce titre a été écrit avec un Macintosh® sur lequel cette police était présente. Lorsque ce même document a été ouvert sur un PC sous Windows®, voici comment il est apparu :

La lettre d'information des Éditions Retz

Numéro de mai 2005

La différence est évidente : la police n'est plus la même et les informations inhérentes à la police (italique, graisse, espacement, interlignage) ont disparu. Le titre de la lettre ainsi envoyée sera donc perdu dans l'ensemble de l'information fournie, et ne se distinguera pas des textes présents dans les blocs informationnels.

Il faut savoir que, si les systèmes d'exploitation Windows et MacOs ne disposent pas des mêmes polices de caractères par défaut, ils affichent aussi différemment les polices de caractères... Il devient dès lors indispensable de choisir le plus finement possible sa police de caractères, afin que le texte reste lisible quel que soit l'ordinateur utilisé.

Exemple

Voici, pour la police Times, les différences de taille pour une même police :

PC Times 8 pts
PC Times 9 pts
PC Times 10 pts
PC Times 12 pts
PC Times 14 pts

⊙ Le logiciel bureautique utilisé par le destinataire

Lorsque l'on crée un document avec un traitement de texte, un problème récurrent est celui du <u>logiciel utilisé pour la lecture</u> dudit document. Avant tout, il faut savoir que les traitements de texte disposent chacun d'un format de fichier propre. Ainsi, un fichier .DOC créé avec Word™ ne peut être ouvert avec AppleWorks™ ou avec WordPad™. Une solution simple pour éviter cette difficulté est d'employer le <u>format RTF</u>, format standardisé qui est accepté par tous les traitements de texte. Cependant, si l'adoption de ce format de fichier règle la question de l'ouverture du document, il ne garantit pas que celui-ci conservera son aspect initial quel que soit le logiciel avec lequel il pourra être lu.

Le second problème, et le plus contraignant, est qu'un document créé avec un traitement de texte (Microsoft Word, par exemple) apparaîtra différemment selon qu'il sera lu avec WordPad™, AppleWorks™, StarOffice™, Word™ ou OpenOffice™, pour ne citer que quelques-uns des traitements de texte les plus connus. Quelle solution face à cette difficulté ? Aucune n'est véritablement fiable… Quand on crée son document, on n'a aucune certitude quant à l'aspect qu'il aura sur la machine de son lecteur : <u>les logiciels de traitement de texte ne sont pas des logiciels de mise en page</u> et chacun d'eux a sa méthode de gestion des tailles de caractères ou de placement du texte et des images. Dès lors, des décalages peuvent apparaître, et il n'est pas rare que la pagination d'un document en soit modifiée. Ainsi, un texte comportant quelques encadrés et des fléchages, enregistré au format RTF à partir de Microsoft Word, verra à chaque fois lesdits encadrés et fléchages disparaître s'il est ouvert avec TextEdit®, le traitement de texte fourni par Apple®, ou avec WordPad®, le traitement de texte intégré à Windows®. De même, certaines des spécifications de corps de police auront disparu, rendant la lecture difficile.

Le problème se pose de la même façon quand on crée un <u>diaporama</u> (avec Microsoft PowerPoint, par exemple) : il n'existe pas, pour ce type de document, de format standardisé. Les animations, les images, les spécifications de police peuvent donc disparaître à l'ouverture du document sur une autre machine… La solution généralement adoptée est alors de présenter le diaporama sur une machine qui dispose de la même version que la machine sur laquelle il a été créé : le fait de disposer de la même version est très important, car les formats de fichiers évoluent au fil des versions, et des différences d'affichage peuvent donc apparaître quand on passe d'une version ancienne à une version plus récente.

⊙ La solution du PDF

La seule solution réellement efficace pour proposer un document qui apparaîtra tel qu'il a été créé est d'utiliser le <u>PDF</u> *(Portable Document Format)*. Ce format de document, créé par la société Adobe®, est <u>standardisé</u> : tout document PDF apparaîtra toujours de la même façon, quelle que soit la machine sur laquelle il sera lu. En effet, le document PDF est en fait une image qui reproduit fidèlement le document créé.

Réaliser un document PDF consiste en fait à imprimer le document réalisé, quel qu'il soit, sur une imprimante virtuelle PDF. Le document ne sort sur aucune imprimante classique mais est transformé en document PDF. Cette conversion est proposée par défaut avec MacOs X, et nécessite un logiciel spécifique sous Windows (il existe de nombreux logiciels gratuits qui permettent cette conversion). Le document PDF ainsi créé sera l'exacte reproduction du document initial, que ce soit une image, un texte, un tableau, etc.

Toutefois, la solution du PDF ne règle que partiellement le problème pour les diaporamas : chacun des écrans de son diaporama sera présent dans le fichier PDF, mais les animations, sons, etc., qu'on y aura intégrés auront, eux, disparu. Et là, hélas, il n'existe aucune solution réellement efficace…

Pour les documents sans animation, la solution du PDF est bel et bien la plus sûre pour générer des documents standardisés dont la visualisation à l'écran sera fidèle à leur état lors de leur création : c'est d'ailleurs pour cette raison que de plus en plus d'imprimeurs demandent aux éditeurs de leur fournir les livres à imprimer au format PDF. Ainsi, ils sont sûrs que le document qu'ils reçoivent est celui qui a été créé, avec les polices choisies, les images placées à l'endroit souhaité, l'interlignage, l'interlettrage et le format du document spécifiés.

Utiliser le format PDF permet bien de créer en toute liberté, en étant sûr que le lecteur final (qui aura au préalable téléchargé un lecteur, gratuit, de fichiers PDF) verra le document tel que l'auteur l'a imaginé et conçu. Ce format a en outre le grand avantage d'être imperméable aux virus. Ainsi, autant il peut être risqué d'ouvrir les documents de type .DOC car ils peuvent contenir des macros qui sont en fait des virus, autant ouvrir des documents PDF ne présente absolument aucun risque.

Internet

Depuis une dizaine d'années, les sites Internet, professionnels et amateurs, se multiplient. Par son expansion, la « toile » a accéléré le développement de la lecture séquentielle et a entraîné un renouvellement de l'approche créative. La facilité avec laquelle il est possible de créer un site Internet s'est accompagnée d'une démultiplication des initiatives personnelles de création de sites. Tout le monde veut désormais avoir son site : ainsi, « le monde entier peut vous voir »…

Le problème est bel et bien là : tout le monde peut voir votre site Internet, mais encore faut-il donner envie de le regarder, au-delà de l'intérêt du contenu lui-même !

Le site Internet doit donc être lisible, clair et efficace, ce qui passe par une utilisation judicieuse des polices de caractères, des couleurs et des possibilités de mise en page permises par le HTML (HyperText Markup Language ou langage hypertexte à balises), langage de mise en page utilisé pour les sites Internet, en particulier les tableaux.

À noter : les informations données ici pour les sites Internet sont aussi applicables aux lettres d'information envoyées par e-mail.

⊙ Le HTML

Pour créer un site Internet, il est nécessaire d'utiliser le langage HTML. Ce langage informatique permet de structurer le contenu des pages Web, en définissant la mise en page, l'organisation des éléments textuels et visuels. Ce langage peut, en outre, être complété par des développements informatiques qui vont permettre d'enrichir les pages : ces développements sont réalisés en faisant appel à divers langages de programmation informatique, nommés Javascript, Java, PHP, ASP ou autres JSP. Le HTML reste toutefois le socle commun de l'ensemble des sites Internet (même si, aujourd'hui, le XML voit son importance grandir).

L'intérêt du HTML réside dans sa grande simplicité : tout utilisateur un peu volontaire peut, en quelques jours, en apprendre les bases et réaliser ses propres pages Internet. C'est ensuite le talent, la maîtrise du langage et la connaissance des règles typographiques et de mise en page inhérentes au HTML qui font la différence entre un site lisible et un site peu attrayant…

⊙ Les polices de caractères

Modifier les polices de caractères, les ajuster en fonction du support, les graisser, jouer avec des tailles différentes, etc. : toutes ces possibilités créatives sont une source de réel plaisir pour les graphistes et les maquettistes. Mais ces possibilités n'existent pas avec Internet… De fait, par souci compréhensible d'égale lisibilité des textes proposés à tous les internautes, le créateur ne peut imposer la police qu'il désire à l'utilisateur.

Le HTML ne permet d'utiliser qu'un nombre déterminé de polices de caractères : impossible d'utiliser du Trebuchet, du Rockwell, du Charcoal, ou même du Palatino, police installée sur tous les Macintosh… Le nombre de polices utilisables se limite à l'Arial, au Times, à l'Helvetica (lequel, qui plus est, n'existe pas dans l'environnement Windows), au Verdana, au Courier, au Georgia et au Geneva. Il faut donc faire contre mauvaise fortune bon cœur et se limiter à ces seules polices de caractères. De plus, les tailles disponibles pour l'utilisation de ces dernières sont beaucoup plus restreintes qu'avec un traitement de texte : la taille standard est le 3 (qui correspond à un corps 12), les tailles inférieures disponibles sont le 1 (qui correspond à un corps 8) et le 2 (corps 10), et les tailles supérieures utilisables vont de 4 à 7. Enfin, la plupart des possibilités offertes par les logiciels de mise en page, voire par les traitements de texte, disparaissent : pas d'interlettrage, pas d'interlignage, pas même de petites majuscules… Le gras et l'italique sont, heureusement, utilisables et permettent de mettre en valeur certaines des informations.
En sus de toutes ces contraintes, il existe une dernière particularité : l'utilisateur peut décider de passer outre votre programmation et imposer, *via* les préférences de son navigateur Internet, une police et un corps spécifiques.

Toutefois, celui qui veut créer sa page Internet dispose encore de certaines libertés : si le nombre de polices de caractères est limité, l'auteur peut spécifier une police à utiliser de façon préférentielle (le Verdana, par exemple) puis deux autres polices utilisables si la première n'est pas disponible sur le poste client. On pourra ainsi bâtir une mise en page en se fondant sur l'utilisation de l'Helvetica, en indiquant que, pour les postes ne possédant pas cette police, c'est le Times qui devra être utilisé, ou, à défaut, le Courier. Il est donc recommandé de s'en tenir à des polices présentes sur l'ensemble des postes, PC comme Macintosh : l'Arial, le Times, le Verdana, le Courier présentent cet avantage.

Ainsi, en utilisant les possibilités, même restreintes, du HTML, on pourra hiérarchiser son information et faciliter la compréhension globale, par l'internaute, du message transmis.

Beaucoup d'utilisateurs auraient adopté le second choix (ci-contre), c'est-à-dire la multiplication des polices de caractères (il suffit de visiter les sites Web personnels pour se rendre compte de cette prédilection). Le premier choix, autour d'une seule police de caractères, offre une lisibilité bien plus grande qui profite au contenu autant qu'à la forme (la page Web en elle-même). En effet, on s'appuie ici, en pratique, sur des règles de distinction et de hiérarchisation typographiques, et d'homogénéité visuelle. Ces règles, évoquées auparavant sous le terme d'*indicateurs*

Exemples

Un texte hiérarchisé, clair et efficace

Des contraintes à appréhender

Internet est un média encore mal maîtrisé et méconnu : les contraintes typographiques qui lui sont inhérentes nécessitent d'être parfaitement comprises, si l'on veut les dépasser et réaliser des sites Web clairs, percutants et efficaces, qui donnent envie de les visiter de nouveau.

Beaucoup de graphistes et de maquettistes ne créent pas encore de sites Internet : il est donc fondamental pour eux de ne pas s'arc-bouter sur leurs connaissances issues du papier, du « print ». En effet, autant techniquement que graphiquement, ces deux supports n'ont rien à voir l'un avec l'autre, et l'utilisation des polices de caractères est bien différente. Toutefois, en jouant sur les tailles de caractères, on peut, très facilement, structurer son information et dérouler sa pensée.

graphiques, permettent de définir une hiérarchie de l'information simplement par une utilisation judicieuse des possibilités d'enrichissement typographiques, si tant est que ces enrichissements restent « raisonnables » (ne pas multiplier les soulignements, normalement réservés aux hyperliens, réserver le gras, qui rend la lecture plus difficile, aux titres, par exemple).

On retrouve là l'un des éléments indiqués plus haut : le choix de blocs courts, organisés, une utilisation claire de la typographie permettant de hiérarchiser l'information et de renvoyer vers d'autres pages, d'autres séquences d'information. Ces deux exemples permettent aussi de faire le point sur un élément : l'utilisation du souligné. Sur Internet, le souligné est exclusivement réservé aux hyperliens. Il est donc fortement recommandé de ne pas utiliser cette possibilité à l'intérieur même de son texte, au risque de perturber l'utilisateur.

147

Un texte à la hiérarchie moins évidente, et plus difficile à lire

Des contraintes à appréhender

Internet est un média encore mal maîtrisé et méconnu : les contraintes typographiques qui lui sont inhérentes nécessitent d'être parfaitement comprises, si l'on veut les dépasser et réaliser des sites Web clairs, percutants et efficaces, qui donnent envie de les visiter de nouveau.

Beaucoup de graphistes et de maquettistes ne créent pas encore de sites Internet : il est donc fondamental pour eux de ne pas s'arc-bouter sur leurs connaissances issues du papier, du « print ». En effet, autant techniquement que graphiquement, ces deux supports n'ont rien à voir l'un avec l'autre, et l'utilisation des polices de caractères est bien différente. Toutefois, en jouant sur les tailles de caractères, on peut, très facilement, structurer son information et dérouler sa pensée.

⊙ **Les couleurs**

L'utilisation des couleurs est une autre contrainte importante d'Internet. En effet, si, dans un livre, les couleurs utilisées sont les mêmes pour tous les lecteurs, tel n'est pas le cas pour les sites Internet. Il y a deux raisons à cela :

- la première de ces raisons est matérielle : les moniteurs qui servent à visualiser les informations ne sont pas tous calibrés de la même façon, voire pas calibrés du tout pour beaucoup d'entre eux. Cela signifie que le vert que vous avez choisi, le mauve que vous souhaitez utiliser, ou ce noir avec ces 28 % de blanc que vous avez sélectionné, après de nombreux essais et ajustements, ne sera pas le même sur votre écran et sur celui de l'internaute. Peut-être le décalage sera-t-il infime, mais il peut tout aussi bien transformer votre vert en jaune ou votre rouge en orange ;
- la seconde des raisons est que vous ne savez pas le nombre de couleurs dont dispose l'internaute sur son poste. En effet, selon l'âge ou la configuration matérielle de l'ordinateur, celui-ci peut afficher 256 ou… 16 millions de couleurs. Dans le second cas, vous disposerez de toutes les nuances de bleu ou de vert ; dans le premier, le passage d'une couleur à une autre sera beaucoup plus tranché.

Heureusement, face à ces contraintes, une solution existe : la palette de couleurs « Web safe » ou palette « Netscape ». Il s'agit d'une palette de 216 couleurs, qui sont toutes affichées de la même façon par les ordinateurs. Le créateur peut ainsi être certain que c'est un vert qui sera affiché et non pas un jaune ou un bleu, par exemple. Cette palette est aujourd'hui disponible dans n'importe quel logiciel de retouche d'images ou de création graphique. Il suffit de la sélectionner pour pouvoir travailler à partir d'elle et proposer un site Web qui sera vu pareillement par tout un chacun, quelle que soit la configuration de son ordinateur.

Il est donc important, autant que faire se peut, de se limiter à l'utilisation de cette palette de couleurs : 216 couleurs est un nombre largement suffisant pour réaliser un travail de qualité et proposer des pages lisibles et percutantes. Trop de couleurs nuit à la clarté de l'ensemble ; en se limitant à trois ou quatre couleurs, les possibilités sont déjà suffisamment nombreuses.

À ***noter*** : le site Internet Chromoweb[8], réalisé par le graphiste Marc Bergère, apporte une grande aide pour utiliser au mieux les couleurs. Il permet en effet de tester des harmonies de couleurs, en utilisant une roue chromatique de 12 couleurs, proches du cercle chromatique théorique. On peut ainsi simuler des accords à 2, 3, 4 ou 6 couleurs et trouver la meilleure harmonie possible : c'est là un outil particulièrement efficace et qui montre qu'il n'est nul besoin de multiplier les couleurs pour mobiliser l'attention de l'internaute et favoriser la lecture…

———————————
8. *http://www.smartpixel.net/chromoweb/fr*

⊙ Les tables ou tableaux

Malgré les différentes contraintes évoquées ci-dessus, le HTML dispose cependant de ressources qui permettent de créer des maquettes attrayantes. La ressource la plus pertinente est ce que l'on appelle les tables ou tableaux. Le principe en est très simple : on crée un tableau dans la page, afin d'organiser les éléments en colonnes et en lignes. Comme dans la presse, le système du « colonnage » permet une lecture très aisée des pages Web. Le système des tables s'avère alors d'une grande aide, car il permet de définir une zone d'une largeur x et d'une hauteur y, et de découper cette zone en autant de colonnes et de lignes que voulu.

149

Exemples
Le site de Libération

© Libération

Voir *Reproduction couleur*, p. IX.

Le site du quotidien *Libération*[9] est un très bon exemple d'utilisation judicieuse des tables, des polices et de la couleur. La page d'accueil du site est découpée en quatre zones :

- une barre de navigation liée à l'actualité (1), qui peut varier en fonction de celle-ci ;
- un sommaire général (2), qui permet d'accéder en permanence à l'ensemble des rubriques du site ;
- une zone d'information (3) divisée en deux colonnes. La colonne A est consacrée aux articles, la colonne B aux photos. L'organisation de la colonne A est simple et efficace, et définit une hiérarchie très pertinente : on trouve les principaux titres, rubrique par rubrique, avec un titre en majuscule et en rouge, un titre de niveau 1 (le plus important) en noir, avec un corps + 2 pour identifier l'article de « une », un chapeau en maigre, avec un corps standard, et le lien vers l'article correspondant en rouge, lien non souligné et en corps -1. Enfin, tous les autres articles, qui sont donc de niveau 2, se caractérisent par un titre en gras, avec un corps + 1 ;
- enfin, une dernière zone (4), la colonne de droite, qui liste les dépêches d'actualité, identifiées par un intitulé en blanc dans un cartouche rouge.

---

9. *http://www.liberation.com*

Ainsi, avec une seule couleur, le rouge, une seule police, quatre niveaux de corps (-1, standard, + 1, + 2), des majuscules pour les titres et un découpage en quatre colonnes, ce site est un modèle de site d'information. Clair, efficace et simple, il permet de trouver les informations du jour en deux clics maximum : soit, en un clic, pour celles présentes sur la page d'accueil, soit, en deux clics, en passant par la rubrique idoine, *via* la zone 2. Certains logiciels de mise en page HTML (on citera en particulier Dreamweaver, de Macromedia, le logiciel le plus utilisé) permettent de définir des modèles de page (appelés *templates*) : on peut ainsi définir une organisation des éléments à l'écran, et simplement, quand besoin est, intégrer les éléments textes ou images nécessaires à la page à créer. Dès lors, l'organisation de la page sera toujours la même, et l'internaute ne sera pas perturbé lors de sa navigation. Il saura où doit se trouver tel type d'information, où doit se trouver la barre de navigation, etc. Ce faisant, on habitue l'internaute à des principes de cheminement dans la page, on lui montre où se trouvent les tiroirs à ouvrir pour aller d'une page à une autre et on lui permet d'appréhender rapidement et simplement l'ensemble du site.

Le site de la Cité de la Musique

© Cité de la Musique

| Voir *Reproduction couleur*, p. X.

La Cité de la Musique propose sur son site Internet[10] une librairie permettant de découvrir et de commander l'ensemble des livres que publie l'institution. Ce site utilise, lui

---

10. *http://www.cite-musique.fr*

aussi, le principe des tableaux. La fenêtre est ainsi découpée en quatre zones horizontales, les troisième et quatrième zones se subdivisant elles-mêmes en colonnes :

- la première zone (1) est consacrée à l'identification du site, et permet de toujours rappeler où se trouve l'utilisateur ;
- la deuxième zone (2) regroupe les services liés à la commande et à la recherche dans le catalogue. Elle permet aussi d'identifier clairement la rubrique où l'on se trouve (« la librairie »). L'intitulé « la librairie » illustre d'emblée quelle sera la couleur utilisée, à savoir le bleu, que l'on retrouve aussi dans le texte de présentation présent dans la zone 3, sur la partie droite ;
- la troisième zone (3) est divisée en deux colonnes. La colonne de gauche permet d'accéder directement aux rubriques du catalogue, tandis que la colonne de droite intègre un texte accueillant les internautes et leur présentant l'organisation de la librairie. Ce texte de présentation utilise la couleur définie par l'intitulé « la librairie », à savoir le bleu, tandis que le menu de navigation utilise un système de sous-menus dynamiques de couleur orange (lorsque l'on amène la souris sur un titre de rubrique, il apparaît alors une liste de sous-catégories dans des encadrés de couleur orange) ;
- enfin, le dernier bloc (4) est divisé en trois colonnes, chacune accueillant la présentation d'un titre du catalogue mis en avant par rapport à l'actualité de la Cité de la Musique. Les titres des livres sont indiqués en rouge et en gras, ce qui permet de les distinguer des autres contenus (la présentation des livres), pour lesquels la couleur noire est prédominante.

Là encore, comme pour le site Internet de *Libération*, il a suffi de découper la page en zones d'informations afin de créer des repères et des indicateurs simples qui permettent à l'internaute de se déplacer facilement dans le site et, chose essentielle pour un site de vente en ligne, d'accéder le plus rapidement possible à la présentation des produits et à la commande.

⊘ Le courrier électronique

Quiconque a fait l'expérience d'échanges de courriels sait bien que l'écriture d'un message électronique est très éloignée de l'écriture d'une lettre classique. Nous allons voir ici quelles sont les règles typographiques qui s'appliquent à ce type de document, en particulier quand il s'agit d'échange de courriels « officiels ».

La première différence est liée, là encore, à l'écran de l'utilisateur : on peut décider de placer des blancs où on le désire ; mais si le lecteur utilise une résolution différente, le courriel qu'il lira ne ressemblera guère à celui que l'on a écrit… La deuxième différence est liée au logiciel de messagerie et à sa configuration : on rédige ses courriels avec un outil informatique, et ceux-ci sont lus avec un autre, ou avec le même mais ce dernier peut être configuré différemment... Dès lors, on ne dispose jamais d'une <u>maîtrise totale</u> de la forme de son courriel au moment de sa lecture.

Une solution souvent utilisée pour contourner cette difficulté est de rédiger un courrier au format HTML : la plupart des logiciels de messagerie permettent en effet de définir des tables, des couleurs, des corps de polices de caractères, la graisse, etc. Cependant, et plus encore que pour les sites Internet, la maîtrise complète de la visualisation finale est quasi impossible. Ce principe de courriel HTML est cependant celui qui est le plus généralement utilisé pour les lettres d'information électroniques[11], afin de proposer une information dans une interface « riche », attrayante pour le lecteur.

En dehors de ces contraintes techniques, la rédaction de courriers électroniques est aussi soumise à des <u>règles rédactionnelles</u> : celles-ci sont regroupées sous le nom générique de *Nétiquette*, laquelle définit un code de bonne conduite sur l'Internet et de « bonne écriture » des courriers électroniques.

Le courriel et la Nétiquette

La Nétiquette est un ensemble de règles qui régissent et définissent les bonnes attitudes à suivre en matière de comportement sur Internet.

Parmi les principales règles de la Nétiquette en matière de courrier électronique, on citera les suivantes :

- les lignes doivent être limitées à une longueur de 65 caractères et se terminer par un retour chariot (ces éléments peuvent être spécifiés dans la configuration du logiciel de messagerie électronique) ;

---

11. *Voir les exemples, p. 161, 163.*

153

- le sujet du message doit être explicite et court (40 signes maximum), et se rapporter au contenu du message ;
- l'utilisation des majuscules est, sur Internet, synonyme de cri : rédiger tout un courriel en majuscules peut ainsi être assimilé à une agression, en plus d'être beaucoup plus difficile à lire. Si l'on veut souligner l'importance d'un sujet, il suffit de le souligner dans le sujet du message par un « Important », suivi d'un libellé explicite ;
- l'utilisation des blancs soulignés (le symbole « _ », à distinguer du trait d'union « - ») pour souligner les termes. Ainsi, on écrira « _Voyage au bout de la nuit_ est mon livre favori », et pas « Voyage au bout de la nuit est mon livre favori » ;
- les *émoticons* (aussi appelés *smileys* ou *souriards*) doivent être utilisés avec parcimonie. Ainsi, :-) symbolise un visage souriant, et :-(une figure triste ou désappointée (il faut les regarder en penchant la tête vers la gauche). Cependant, bien des internautes n'en connaissent pas l'utilisation : l'ironie ou la tristesse présentes dans vos messages risquent ainsi de ne pas être comprises et peuvent créer un malentendu ;
- dans la réponse à un message, cette réponse doit être en-dessous dudit message, quitte à le découper en morceaux, afin de rendre la réponse compréhensible. Quand des réponses s'enchaînent, il est en effet facile de perdre le fil et d'oublier de répondre à des points importants du message d'origine ;
- lorsque vous répondez à un message, le sujet du message doit être précédé de « Re : » ou de « Rep : » ;
- la signature en bas du message ne doit pas dépasser quatre lignes.

Les logiciels de messagerie peuvent généralement être configurés de telle sorte que la plupart de ces règles soient automatisées : cela évite d'avoir systématiquement à se demander ce que dit la Nétiquette…

Les lettres d'information électroniques
Plus que les courriels, ce sont les lettres d'information électroniques qui posent des problèmes de mise en page : soit l'auteur rédige sa lettre au format texte, c'est-à-dire sans enrichissement possible autre que le gras, l'italique et le soulignement, soit l'auteur fait appel au format HTML. Dès lors, la lettre d'information ressemble à une page Web, et suit les règles de fonctionnement et de création appliquées lors

de la création d'un site Internet : utilisation des tableaux, intégration d'images, hié-rarchie et distinction typographiques, rubriquage de la lettre, etc. On retrouvera ici les indicateurs graphiques, perceptifs et d'orientation présentés plus haut.

Nous ne nous attarderons pas sur la création des lettres d'information : la lecture des pages précédentes sur les règles de construction des pages Web suffiront amplement. Soulignons cependant que, peut-être plus encore que pour les sites Internet, il est indispensable d'optimiser l'architecture de l'information en découpant cette dernière en blocs, et en donnant des accès simples et clairs à des contenus présents sur un ou des sites Internet (les exemples ci-après présentent des lettres d'information « réussies »).

Nous aurons vu, à travers ces quelques pages, que les règles de mise en page et de typographie pour les documents-écrans sont relativement complexes, et que le principal problème réside dans la très grande difficulté pour l'auteur de maîtriser le support de visualisation de sa création. Comment créer, comment imaginer un document (site Web, lettre électronique, diaporama ou autre) tout en sachant que le lecteur ne le verra peut-être pas comme il a été pensé ? Tout simplement en maî-trisant les règles techniques de création de ces documents, mais aussi en intégrant à sa réflexion les principes de navigation entre les informations et les principes de lecture à l'écran.

155

Sites Internet
et lettres électroniques :
quelques exemples

Les sites ou les lettres électroniques ici présentés ne sont pas forcément les plus visités ni les plus attrayants graphiquement. Ils ont cependant l'intérêt d'être construits selon les règles ergonomiques, typographiques et graphiques, et les indicateurs visuels détaillés dans ce livre. En effet, bâtir un site Internet amateur ou professionnel comme rédiger une lettre d'information électronique nécessite la mise en place d'indicateurs perceptifs et graphiques, et d'indicateurs d'orientation, qui permettent au lecteur de ne pas se perdre, de comprendre la hiérarchie entre les informations dans et/ou entre les pages.

À travers dix exemples tirés de secteurs diversifiés, chaque lecteur trouvera ici des cas pratiques à étudier, chacun offrant, avec des approches graphiques différentes, des solutions à une problématique qui reste toujours la même : proposer un contenu clair, lisible, organisé, avec une mise en forme qui donne envie de revenir. Les exemples proposés ici sont les suivants :

- *le site Internet de la* Fondation Cartier pour l'art contemporain *(http://www.fondation.cartier.fr) ;*
- *le site Internet parodique* Collectif des Riches Contre Euromillions, *créé par la Française des Jeux (http://www.crce.org) ;*
- *la lettre d'information électronique de l'*Association Française pour le Jeu Vidéo *(http://www.afjv.com) ;*
- *la lettre d'information électronique du* Journal du Management *(http://management.journaldunet.com) ;*
- *le site Internet du quotidien* Libération *(http://www.liberation.com) ;*
- *le site Internet du quotidien* Le Monde *(http://www.lemonde.fr) ;*
- *le blog* Le Journal de Max *(http://www.lejournaldemax.com) ;*
- *l'encyclopédie en ligne* Wikipedia *(http://fr.wikipedia.org/wiki/ ergonomie) ;*
- *le site Internet du quotidien en ligne* Le Journal du Net *(http://www.journaldunet.com) ;*
- *la lettre d'information électronique* Le Journal des Femmes *(http://www.linternaute.com/femmes).*

⊙ La Fondation Cartier pour l'art contemporain
http://www.fondation.cartier.fr

| Voir *Reproduction couleur*, p. XI.

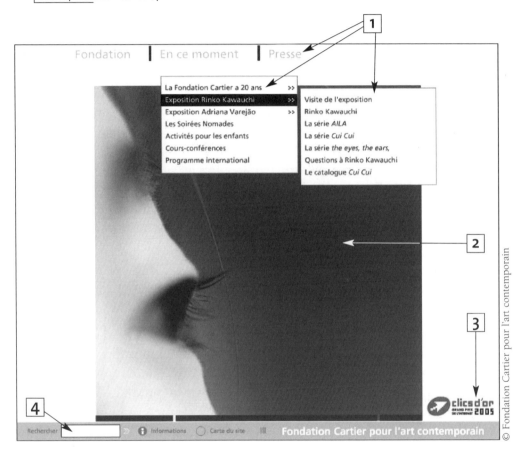

157

Ce site Internet de la célèbre marque française est dédié à la Fondation Cartier pour l'art contemporain. La démarche artistique se retrouve dans une épure graphique et typographique des plus agréables et des plus efficaces. Navigation simple et claire, intitulés lisibles, découpage de l'écran en quatre zones distinctes, autant d'éléments qui permettent une navigation simple et rapide.

1. La zone de navigation principale (1) permet, par un découpage simple en trois grandes entrées, de guider facilement l'utilisateur. De le guider d'autant plus facilement, même, que le menu en Flash® laisse apparaître des sous-menus aux intitulés clairs : ainsi, en un seul clic, l'utilisateur peut se rendre sur la page qui l'intéresse. Par ailleurs, afin de distinguer les entrées principales (« Fondation », « En ce moment », « Presse ») du reste du site, une hiérarchie typographique est établie : elle se limite à deux niveaux, ce qui suffit amplement, les menus encadrés venant appuyer le principe de navigation.

2. L'espace central (2) est destiné à mettre en avant l'une des créations exposées au sein de la Fondation, ici une photo. Le cœur de l'institution que vise à présenter le site est ainsi clairement exposé : le contenu objet du site est mis au centre de celui-ci. Le support de communication remplit bel et bien son rôle de vecteur d'information.

3. La zone 2 repose sur un fond blanc qui crée un contraste fort, équilibre la page et centre l'attention sur l'œuvre d'art. Cet espace vide peut ainsi être utilisé pour mettre en avant un prix reçu, et vient saluer la création de ce site (3). Le logo du prix peut ainsi s'inscrire dans la création sans perturber la navigation et sans trop déséquilibrer l'ensemble, même si la couleur rouge détourne quelque peu l'attention du principal, à savoir les expositions proposées par la Fondation.

4. La dernière zone du site (4) est une zone utilitaire : elle se distingue par sa couleur (bandeau gris clair, textes en gris foncé) et par le rappel du nom de la Fondation. Cette barre de navigation vient fermer le site et a un but simple : permettre à l'utilisateur de s'orienter vite et de manière aisée.

⊙ **Le Collectif des Riches Contre Euromillions**
http://www.crce.org

Voir *Reproduction couleur*, p. XI.

Ce site Internet a été créé par la Française des Jeux, dans le cadre de la promotion de son jeu Euromillions. Il s'appuie sur une idée que l'on peut trouver amusante : un pseudo-site associatif visant à montrer comment des « riches » s'opposent à ce que d'autres puissent s'enrichir grâce à ce jeu de hasard. Le contenu éditorial de ce type de site Internet est forcément assez « léger » : pour autant, l'approche graphique permet de faire ressortir les éléments forts autour de rubriques simples, tout en assurant une promotion efficace du jeu lui-même. Comme souvent, ce qui permet une grande clarté, le site utilise une seule couleur – le rouge – en plus du noir.

1. L'utilisation des tables (1) permet un découpage efficace du site en quatre zones aux rôles distincts. La zone supérieure est consacrée au nom du site, et permet d'expliciter le sigle CRCE. La zone centrale permet de mettre en avant l'actualité du site, mais aussi et surtout d'assurer la promotion du jeu grâce à des titres en majuscules, avec l'alternance du noir et du rouge. La zone centrale inférieure présente les rubriques du site, et permet donc de naviguer simplement et rapidement. Le choix d'utiliser de gros pavés rouges permet :

- d'utiliser les majuscules pour les intitulés, et donc de bien les faire ressortir ;
- de laisser de la place pour des images (comme dans « Notre hymne ») ;
- de ne pas limiter les intitulés de rubriques à de simples mots (« Contact », « Presse », « Le jeu », etc.), comme c'est souvent le cas.

Enfin, la dernière zone, en bas de page, permet des renvois vers d'autres sites.

2. Au niveau typographique, on trouve une hiérarchie à cinq niveaux (2). C'est beaucoup, peut-être trop, mais cela renforce la volonté de pseudo-site associatif amateur. Le plus important ici est l'alternance noir/rouge, qui permet la mise en exergue des différents éléments. Le texte « ILS ONT OSÉ ! » est le plus visible du site et a une seule utilité : rappeler qu'il s'agit d'un jeu proposé par la Française des Jeux, et qu'il est même possible d'y jouer sur Internet… C'est la partie essentielle de ce site : montrer que d'autres joueurs ont déjà gagné, et que tout le monde peut, ainsi, devenir riche. Tout le reste ne sert qu'à « enrober » et à marteler l'idée que ce jeu permet de devenir millionnaire en euros.

⊙ Libération
http://www.liberation.com

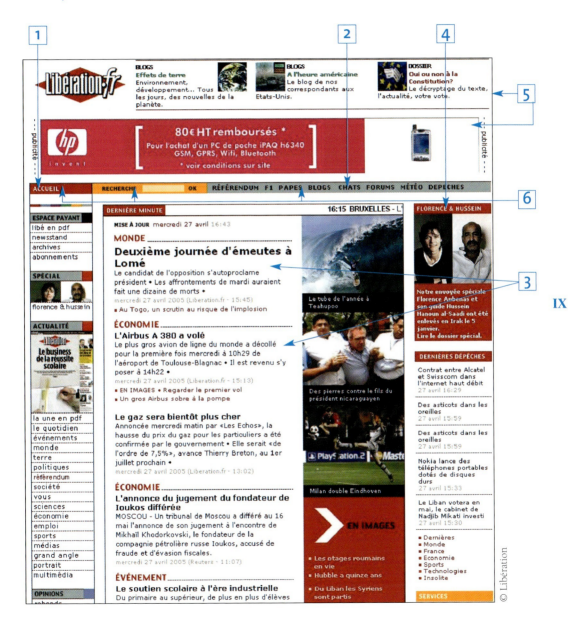

⊙ La Cité de la musique
http : //www.cite-musique.fr

X

⊙ **La Fondation Cartier pour l'art contemporain**
   http://www.fondation.cartier.fr

© La Fondation Cartier pour l'art contemporain

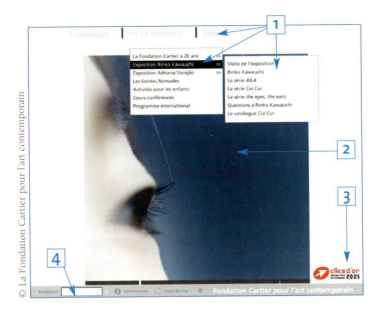

XI

⊙ **Collectif des Riches Contre Euromillions**
   http://www.crce.org

© Collectif des Riches Contre Euromillions

⊙ Association Française pour le Jeu Vidéo – http://www.afjv.com

⊗ Le Journal du Management
http://management.journaldunet.com

XIII

⊙ Le Monde – http://www.lemonde.fr

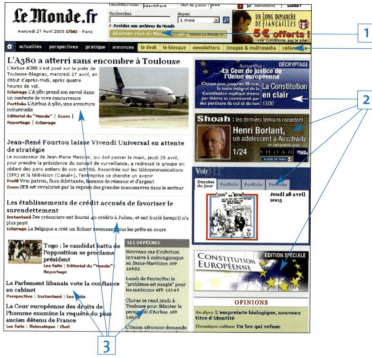

XIV

⊙ Le Journal du Net – http://www.journaldunet.com

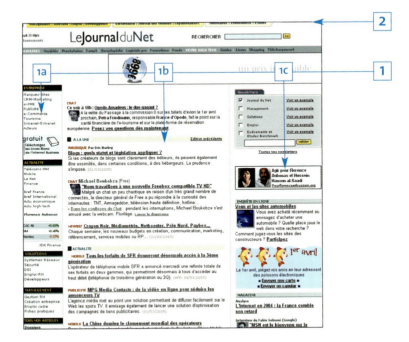

Le Journal des Femmes
http://www.linternaute.com/femmes

LeJournaldesFemmes
Jeudi 10 mars
Newsletter N°85
Un supplément de LINTERNAUTE.COM

sciences
sport
monde
cinéma
Toute l'actualité ? OK

TEMOIGNAGES

Faites-nous du bien
Vous avez découvert un truc qui améliore votre vie quotidienne ou qui vous a fait vous sentir simplement mieux ? Partagez-le vec les autres lectrices en participant à notre ubrique "ça m'a fait du bien". **Témoignez**

artagez votre histoire
ous avez vécu une expérience surprenante u originale qui vous a marquée et dont vous vez retiré beaucoup personnellement. artagez-la avec les autres lectrices du ournal des Femmes en témoignant dans otre rubrique "Histoire d'elle". **Témoignez**

Santé
Homéopathie
Comment en profiter vraiment
Utilisée "souvent" par 7 lectrices sur 10, l'homéopathie tient une place de choix dans la prévention et le traitement de symptômes quotidiens. Remèdes de base, avis du médecin et conseils des lectrices, pour tirer profit de cette médecine de confort.
10 remèdes | Conseils des lectrices | L'enquête... **Sommaire complet**

Déco
Visitez le studio d'Alexandra
D'un studio parisien, cette rêveuse a fait un lieu exotique et artistique, tout en gardant le souci pratique de maximiser l'espace. Elle est notre deuxième gagnante du concours déco.

Quiz
Les pierres précieuses ont-elles des secrets pour vous ?
Diamant, saphir, rubis et émeraude : connaissez-vous ces pierres précieuses, leurs valeurs et leurs symboles ? Découvrez-le avec ce quiz en 10 questions.

Conseil
Comment bien choisir sa literie ?
Il est nécessaire de changer de literie tous les dix ans. Face à la multiplication des technologies, Michel Arsac, président du directoire de Literieland, nous éclaire pour bien la choisir.

Beauté
Testés par vous...
Cette semaine, les lectrices ont testé le **lait de douche** "Comme aux bains" de Bourjois et le **mascara allongeant** "Ultimeyes" de Dior.
Tous les **produits de maquillage** testés.

⊙ L'Association Française pour le Jeu Vidéo – http://www.afjv.com

Voir *Reproduction couleur*, p. XII.

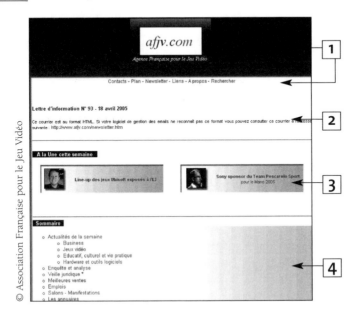

L'AFJV est une association dont le but est la promotion du jeu vidéo et des éditeurs et producteurs français de ce marché. Chaque semaine, elle envoie, par courriel, une lettre d'information à ses adhérents.

Cette dernière, d'une organisation simple mais efficace, est bâtie en HTML, pour permettre l'utilisation de liens internes et une mise en écran claire.
Elle est découpée en cinq zones (voir la cinquième zone à la page suivante). La zone supérieure (1) rappelle quel est l'organisme émetteur de la lettre, et, sous la zone grise, renvoie vers les principales rubriques du site Internet de l'association. On peut cependant regretter l'importance allouée à cette zone supérieure qui, lorsque l'on lit la lettre dans un logiciel de messagerie, vient occuper un bon tiers de l'écran.

Les trois zones qui suivent (2, 3 et 4) permettent de distinguer l'information technique (2), l'actualité majeure de la semaine (3) et le sommaire de l'ensemble de l'actualité (4).

© Association Française pour le Jeu Vidéo

162

L'utilisation du HTML permet de créer des encadrés (2) qui mettent en avant les deux actualités importantes et de renvoyer, par hyperlien, vers une information plus complète. Les deux blocs d'information sont par ailleurs mis en valeur par l'emploi d'un cartouche noir, avec le texte en blanc « À la Une cette semaine ». Cet effet tout simple distingue le contenu à venir et fournit un indicateur visuel quant au niveau hiérarchique des différentes informations proposées.

Lorsque l'on reste dans la même rubrique (voir ci-dessus), ce cartouche est mis de côté et remplacé par des intitulés de couleur rouge (5), qui se distinguent du texte, noir, et des liens (bleus et non soulignés). Nul besoin ici d'utiliser un corps différent : le changement de couleur indique le changement de type d'information et le contenu garde sa lisibilité globale.

La dernière zone (5) ou zone d'informations générales sur l'actualité de la semaine, adopte le principe du double « colonnage » : un maximum de brèves est ainsi rassemblé dans un minimum d'espace, l'objectif étant surtout de renvoyer vers le site de l'AFJV, où se trouve l'information complète.

⊙ **Le Journal du Management – http://management.journaldunet.com/**

Voir *Reproduction couleur*, p. XIII.

Le HTML a également été choisi pour réaliser cette lettre d'information électronique. Si ce choix présente le défaut d'alourdir le courriel, il permet une mise en page plus riche, avec des images et une hiérarchie dans la typographie.

L'organisation de la page est fondée sur l'utilisation des tables : on a ainsi une division en deux lignes (1), la deuxième ligne étant elle-même découpée en deux colonnes principales (2).

La colonne 2a a une utilité fonctionnelle : elle présente des partenaires, et renvoie vers des services (fiches d'informations, études, sondage, etc.), tandis que la colonne 2b présente des contenus éditoriaux, avec une valeur ajoutée. Le dossier principal de la semaine est ainsi mis en avant en haut de la colonne. Les autres rubriques sont ensuite présentées de façon simple : un cartouche jaune, un intitulé en vert et en majuscules, et le chapeau de présentation de l'article ensuite consultable sur le site Internet lié.

Ce principe d'organisation est clairement le plus efficace, qu'il s'agisse d'Internet ou pas : une série de blocs d'informations (peut-être un peu trop dans cet exemple), une typographie lisible et pas trop petite (ce qui est souvent le cas malheureusement), et le lecteur balaiera ainsi, d'un regard, l'ensemble des informations proposées ; il cliquera ensuite sur celle qui l'intéresse le plus.

⊘ Libération – http://www.liberation.com

Voir *Reproduction couleur*, p. IX.

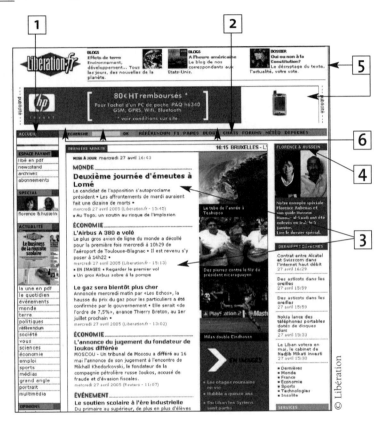

Déjà cité dans ce livre (voir p. 150-151), le site du quotidien *Libération* est un très bel exemple de réussite en matière de lisibilité et d'organisation.

La partie supérieure (5) est divisée en deux parties : une zone rappelant le site sur lequel on se trouve, grâce au logo, et consacrée aux actualités génériques du moment, et un espace dédié à la publicité, pour permettre de financer en partie le site Internet.

On trouve ensuite une barre de navigation générale (6) divisée en trois parties, chaque couleur renvoyant à un type de contenu. Un cartouche rouge, pour tout ce qui concerne le contenu quotidien du journal, accessible depuis l'accueil, une barre jaune orangée pour les services, et ici, en l'occurrence, la recherche dans le site, et une barre grise pour tout ce qui concerne des opinions (chats, forums, blogs) ou des informations extérieures au site (météo, dépêches, etc.).

Nous ne reviendrons pas sur le découpage en colonnes ou sur la hiérarchie typographique utilisée, déjà explicités auparavant. Toutefois, il convient de noter que ce principe de division de l'espace en colonnes est clairement celui qui permet la lecture la plus aisée. Le lecteur peut identifier des zones et donc savoir où il est, où il va et où il peut aller. Il n'a pas l'impression d'être obligé d'aller sur telle ou telle page, quand bien même le choix des articles oriente la lecture.

Le seul problème avec ce site réside peut-être dans sa richesse en informations, qui amène à avoir des pages très longues et ralentit parfois la recherche d'une information.

⊙ Le Monde – http://www.lemonde.fr

Voir *Reproduction couleur*, p. XIV.

Le site Internet du quotidien *Le Monde* a fait l'objet d'une refonte en 2005. Si la version précédente était, de l'avis général, plus efficace, cette nouvelle version est toutefois intéressante en termes de structuration du contenu, de simplification de l'organisation et d'intégration d'éléments visuels.

Ce site est divisé en deux parties, qui font elles-mêmes l'objet de subdivisions.

La zone supérieure (1) est composée de trois « sous-zones » : la zone supérieure gauche est consacrée au logo du journal, ainsi qu'à la date. Cet espace sert aussi de lien pour retourner sur l'accueil du site. La partie supérieure droite, en plus d'abriter une bannière de publicité, est réservée aux abonnés, qui peuvent ainsi effectuer des recherches et accéder à des services privilégiés. Enfin, la zone inférieure est une barre de navigation générale qui renvoie aux grandes entrées du site.

Ce dernier est principalement composé de deux grandes colonnes. La colonne de droite (2) sert à illustrer l'actualité en images, à renvoyer vers des grands dossiers ou à traiter des thèmes qui ne sont pas forcément liés à l'actualité, mais qui méritent tout de même l'attention du lecteur.

La partie gauche (3) est consacrée aux informations du jour. Quand plusieurs articles sont rédigés sur un même thème, ils sont proposés en tête de colonne, avec une hiérarchie typographique simple et claire (deux niveaux de titres, toujours en bleu, un texte introductif en noir, des liens vers des articles complémentaires en bleu non souligné, précédés d'un titre en rouge). Quand l'information est moins importante, seul un titre d'article est proposé, faisant un lien direct vers l'article lui-même. Les indicateurs typographiques sont simples et les blocs d'information facilement repérables : une bonne façon de guider le lecteur dans sa lecture.

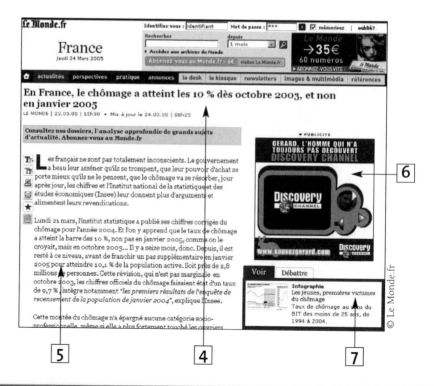

© Le Monde.fr

Lorsque l'on a cliqué sur un intitulé d'article pour pouvoir le lire, la maquette du journal change quelque peu (voir page ci-contre). Et l'on peut dire qu'elle est particulièrement agréable et cohérente. Si la zone supérieure reste la même, un maximum de place est ensuite accordé à l'article lui-même. Le titre (4) est la partie la plus mise en avant, grâce à l'utilisation du corps de valeur + 5.

L'article (5) vient ensuite occuper les deux tiers de la largeur de la page : le corps + 3 utilisé permet de le lire aisément. Le rouge, qui était utilisé pour les intitulés précédant les liens, est repris pour la première lettre de l'article, et vient donc créer un rappel, un lien avec la page précédente.

Dans la partie droite, si l'espace supérieur est consacré à la publicité (6), le reste de la colonne (7) est intelligemment utilisé pour proposer des informations complémentaires. Des informations présentées sous forme d'infographies, comme sur la page d'accueil, ce qui crée, là encore, une cohérence d'ensemble, chaque zone du site ayant une fonction propre et permanente quel que soit l'endroit où l'on se trouve dans le site.

169

⊘ **Le Journal de Max – http://www.lejournaldemax.com**

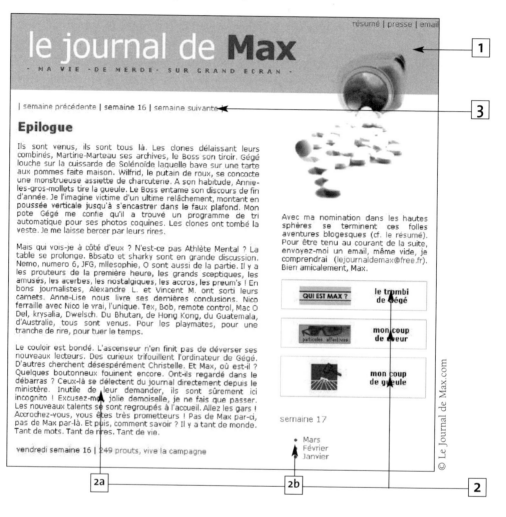

Le Journal de Max est un blog, un journal personnel sur le Web. Il n'est aujourd'hui plus mis à jour, mais a été très fortement visité pendant plusieurs mois, en particulier lors du premier trimestre 2005 (voir également Le *Blog de Max*, Paris, Éditions Robert Laffont, 2005).

Ce site est un bon exemple de blog, ces journaux personnels pour lesquels il n'est pas besoin de maîtriser le HTML. En effet, différents éditeurs proposent des modèles de blogs déjà utilisables : vous choisissez la maquette qui vous convient et vous n'avez plus qu'à saisir votre texte. Bien entendu, ce modèle peut être enrichi.

Ici, « Max » a créé un logo et bâti un en-tête de page (1) qui lui est spécifique. Pour signifier qu'il s'agit du titre du site, le corps typographique utilisé est le plus important que l'on retrouvera sur le site. Par ailleurs, le nom « Max » est en rouge : il indique de cette façon que l'on trouve là un lien, lequel renvoie vers la page d'accueil du site.

Les couleurs utilisées dans cette zone sont celles que l'on retrouvera ensuite sur le site, hormis le noir qui sert pour les textes du site. Les liens sont toujours en rouge : le texte qui fait le lien (titre d'article ou date, par exemple) est, quand la souris ne passe pas dessus, soit en noir (« Il est libre, Max » est un lien, mais la souris ne se trouve pas dessus), soit en gris (« Semaine 17 », par exemple). C'est une pratique de plus en plus fréquente que de supprimer le soulignement des liens : même si cela est esthétiquement plus agréable, cela rend lesdits liens moins visibles au premier coup d'œil.

Par ailleurs, comme dans la plupart des autres exemples présentés ici, le site est divisé en deux colonnes : une colonne à gauche (2a) pour les articles du blog et une colonne à droite (2b) pour les liens dans le site. On peut ainsi facilement naviguer de rubrique en rubrique.

Cette facilité de navigation est renforcée par un système de barre de navigation textuelle (3) qui permet d'avancer de semaine en semaine.

⊚ Wikipedia – http://fr.wikipedia.org

Wikipedia est une « encyclopédie libre » de plus de 100 000 articles, rédigés par des spécialistes et accessibles gratuitement.

Pour assurer une lisibilité optimale, le site utilise un système à deux colonnes : une colonne de gauche (1), qui prend 20 % de la largeur du site, elle-même découpée en cinq parties. La zone supérieure est dédiée au logo, tandis que le reste de la colonne est divisé en encadrés, chacun avec un rôle spécifique (naviguer, rechercher, accéder à des informations complémentaires, changer de langue).

Dans la colonne de droite (2), les articles adoptent une structure simple et claire :

- un quadruple niveau hiérarchique : le titre de l'article, avec le corps typo-graphique le plus important (corps + 6), le titre de la partie (« Éléments d'er-gonomie ») avec un corps moindre (corps + 5), un titre de paragraphe (« Gestes et postures ») avec un corps + 4 et l'utilisation d'une graisse ;
- un sommaire fourni dans un encadré sur fond de couleur ;
- un texte en noir, avec des liens en bleu, pour les mots présents dans l'ency-clopédie, et des liens en rouge, pour les mots présents dans le thésaurus, mais sans qu'un article existe. Le lecteur est alors invité à participer à l'encyclopédie et à proposer un article pour ledit mot. L'absence de soulignement n'est ici pas gênante, car la couleur des liens les distingue clairement du texte « normal » du site.

Là encore, c'est la simplicité qui apporte la lisibilité : fond blanc, texte noir, liens en bleu ou en rouge… Nul besoin d'en faire plus pour créer un site clair et efficace, au contenu très riche.

173

⊙ **Le Journal du Net – http://www.journaldunet.com**

|Voir *Reproduction couleur*, p. XV.

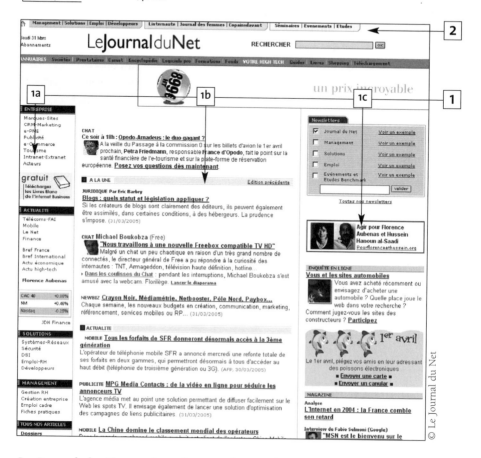

© Le Journal du Net

Le Journal du Net est la référence des professionnels de l'Internet en matière d'information.

Ce site est organisé autour de trois colonnes (1) :

- une colonne (1a) qui recense les liens vers l'ensemble des rubriques du site, présentées selon un principe simple. Des encadrés sur fond blanc, avec un cartouche noir, l'intitulé général de l'espace en majuscules jaunes et des liens en vert, qui se soulignent et apparaissent en rouge quand la souris passe sur eux ;

- une zone centrale (1b) consacrée à l'actualité du jour, suivant un modèle simple : un intitulé de rubrique en majuscules vertes sur fond crème et, sous chaque rubrique, les textes introductifs des articles proposés avec des liens en noir (le titre de l'article) ou en vert (pour les informations complémentaires) ;
- une dernière colonne (1c) qui présente des informations moins soumises à l'actualité (abonnement aux lettres d'information, enquêtes en ligne, manifestation de soutien à des collègues journalistes, etc.).

On peut ainsi naviguer dans le site et dans les rubriques qui le composent. On peut aussi, par une barre de navigation spécifique (2), accéder aux sites partenaires du Journal du Net. Ceux-ci sont placés en tête de page, sur un fond jaune qui distingue clairement cette partie du reste du site. Le contraste des couleurs permet de repérer immédiatement ces sites partenaires, un clic ouvrant une nouvelle fenêtre de navigation.

Lorsque l'on rentre dans l'un des articles du journal (voir ci-dessous), on retrouve le découpage en trois colonnes, avec une zone supérieure consacrée à la promotion du site et de ses partenaires.

175

© Le Journal du Net

C'est la partie centrale qui est dédiée au contenu, avec une division en deux colonnes (3) : la partie gauche (4) permet de présenter un professionnel, quand celui-ci fait l'objet d'un article ou d'une interview, la partie droite proposant l'article en tant que tel.

L'article suit une structure typographique à trois niveaux :
- le titre de l'article, en corps + 3 (le corps standard), avec l'utilisation du gras ;
- le texte d'introduction (ou chapeau), en italique et en vert, qui est la couleur de base de ce site ;
- le texte même de l'article, en noir, et sans aucun lien : tous les liens sont en effet rassemblés (ici sous « Contact », mais sous un titre « En savoir plus » pour les articles généraux).

⊙ **Le Journal des Femmes – http://www.linternaute.com/femmes**

Voir *Reproduction couleur*, p. XVI.

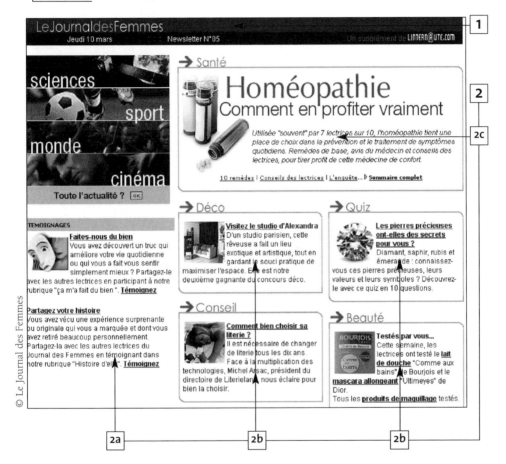

Réalisée par la société en charge du Journal du Net, cette lettre d'information par courriel est très bien conçue. La zone supérieur (1), colorée, indique qui est l'émetteur de la lettre, la date et le numéro, comme pour tout magazine.

Le reste de la lettre (2) est dédié au contenu éditorial même. Divisé en deux colonnes, cet espace éditorial distingue un espace réservé aux lectrices (2a), d'une part, et le contenu proposé par le journal (2b et 2c), d'autre part.

177

L'espace éditorial du journal utilise un système d'encadrés très clair : les intitulés (« Déco », « Quiz », « Conseil », « Beauté ») ressortent bien, et le dossier principal (ici, l'homéopathie) est parfaitement mis en valeur grâce au corps et à la couleur du titre. Les liens sont toujours soulignés en noir et graissés, le texte est en maigre et en romain, sauf pour le dossier principal : le texte introductif est ici en italique, de manière à le distinguer des simples articles.

Glossaire
(typographie et écran)

Acrobat Reader : logiciel créé par la société Adobe®, qui permet de lire les fichiers au format PDF.

Bande passante : la bande passante désigne le « tuyau » par lequel transitent les données qui circulent sur Internet. La vitesse à laquelle un internaute navigue sur Internet dépend ainsi de la bande passante dont il dispose, mais aussi de celle du site auquel il souhaite accéder. Plus la bande passante est grande, plus on peut naviguer vite.

Client : le terme « client » désigne l'ordinateur utilisé pour la consultation d'un site Internet. Il est relié à un réseau, Internet en l'occurrence, et reçoit les informations des ordinateurs serveurs.

Copie cachée : fonctionnalité des logiciels de messagerie électronique qui permet d'envoyer un message en cachant certains des destinataires dudit message.

Couper-coller / Copier-coller : fonctionnalité qui permet de couper ou de copier un texte ou une image pour la placer dans un autre document ou à un endroit différent du même document.

Courriel : dit aussi « courrier/message électronique » ou « mail/mél », le courriel désigne le message envoyé par Internet.

Émoticon / Smiley : les émoticons, que les Québécois désignent sous le terme de « souriards », sont des symboles qui représentent des visages exprimant des sentiments ou des attitudes (heureux, triste, en pleurs, énervé, etc.). Ils sont créés à partir des éléments de ponctuation.
Quelques exemples :
:-) → visage souriant
:-(→ visage triste
;-(→ en pleurs
;-) → clin d'œil

Hyperlien : lien Internet entre des pages Web, des sites Internet, ou vers des documents à télécharger ou à consulter.

Internaute : terme générique désignant toute personne qui navigue sur Internet.

Internet : cet « *Interconnected Network* », ou réseau interconnecté, relie entre eux des milliers d'autres réseaux, grâce à un protocole de communication commun, le protocole IP (*Internet Protocol*).

Nétiquette : ensemble des règles de conduite à suivre sur Internet, essentiellement pour ce qui concerne les échanges par courrier électronique.

PDF : le « *Portable Document Format* » ou « format de document portable », créé par la société Adobe®, présente l'avantage d'être lisible sur l'ensemble des plateformes (Windows, Mac, Linux, Unix) et d'assurer que le document lu par l'utilisateur

180

sera exactement le même que celui qui a été conçu par son auteur.

Pièce jointe : document attaché à un message électronique.

Réseau : ensemble d'ordinateurs reliés entre eux par un système de câbles ou sans fil. Dans le cadre d'un réseau, les ordinateurs échangent des informations, accèdent à certaines données présentes sur tel ou tel ordinateur, etc.

Résolution : mode d'affichage à l'écran. La résolution est déterminée par un nombre de points (ou pixels) s'affichant en largeur et en hauteur sur un moniteur. On parle ainsi de résolution 800 * 600, 1 024 * 768, etc. Plus l'écran est grand, plus la résolution peut augmenter.

Serveur : un ordinateur « serveur » a pour fonction de stocker les données destinées à l'utilisateur (que ce soit les messages électroniques ou le contenu d'un site Internet). Il les transmet ensuite aux ordinateurs « clients » qui en émettent la demande (quand, par exemple, un utilisateur souhaite accéder à un site Internet).

Spam : terme américain traduit par les Québécois par « pourriel ». Ce terme désigne tous les courriels qui polluent une boîte aux lettres électronique et qui sont généralement des courriels publicitaires non sollicités par l'internaute.

URL : « *Uniform Resource Locator* ». Par ce terme, on désigne en fait l'adresse d'un site Internet. L'URL du site Web des Éditions Retz est ainsi http://www.editions-retz.com

Webmail : service Internet permettant de consulter sa messagerie depuis un site Internet, sans passer par un logiciel de messagerie. Un webmail permet, en particulier, de relever son courrier électronique, où que l'on soit, sans avoir besoin de transporter son ordinateur avec soi.

WWW : acronyme du « *World Wide Web* », ou la toile d'araignée mondiale qu'est Internet.

WYSIWYG : « *What You See Is What You Get* » ou « Ce que vous voyez (à l'écran) est ce que vous obtenez (à l'impression) ». Principe qui veut que l'on ait une similitude parfaite entre ce qui est créé l'écran (emplacement des éléments, taille des textes, couleurs, etc.) et le résultat imprimé.

Bibliographie

ALESSANDRINI J., *ABC de la lettre*, Paris, Éditions Retz, 1987.

ALESSANDRINI J., *Quand le mot devient image*, Paris, Éditions Retz, 1986.

ALESSANDRINI J., *Typo Mondo*, Paris, La publication de Bussières Arts Graphiques.

BAUDIN F., *La typographie au tableau noir*, Paris, Éditions Retz, 1984.

BLANCHARD G., *L'eredità Gutenberg (per una semiologia della tipografia)*, Turin, Gianfranco Altieri Editore, 1989.

CHÂTELAIN R., *Rencontres typographiques*, Lausanne, Eracom, procom 2004.

COLLECTIF, *Abrégé du code typographique* (à l'usage de la presse), Paris, CFPJ, 1984.

COLLECTIF, *Caractère* (magazine des professionnels de l'imprimerie), Paris, CEP.

COLLECTIF, *Les Cahiers du livre*, Paris, Ass. des compagnons de Lure, 4 rue Visconti, 75006 Paris.

COLLECTIF, *Revue suisse de l'Imprimerie*, Sprindelstrasse 2, CH-8021 Zurich.

COLLECTIF, *Gazette de Lurs*, Richaudeau François, 04700 Lurs.

COLLECTIF, « TYP Observatoire Typo Graphique », *Revue Rencontres Internationales de Lure*, 35 rue des Rosiers, 14000 Caen.

COLLECTIF, *Typo Gabor* (les publications de la photocomposition Typo-Gabor), Levallois-Perret, 101-109 rue Jean Jaurès.

COLLECTIF, *U1lc* (la revue de l'International Typeface Corporation), New York, 2 Hammarskjold Plaza, 10107.

COMBIER M., **PESEZ Y.** (sous la direction de), *Encyclopédie de la chose imprimée*, Paris, Éditions Retz, 2004.

DREYFUS J., **RICHAUDEAU F.** (sous la direction de), *La Chose imprimée*, Paris, Éditions Retz, 1985.

DUPLAN P., **JAUNEAU R.**, *Maquette et mise en page*, Paris, éditions de l'Usine Nouvelle, 1982, 5e édition revue et augmentée, Éditions du Cercle de la Librairie, 2004.

FRUTIGER A., *À bâtons rompus : ce qu'il faut savoir du caractère typographique*, Méolans-Revel, Atelier Perrousseaux, 2003.

FRUTIGER A., *Des signes et des hommes*, Méolans-Revel, Atelier Perrousseaux, 2000.

GAUTIER D., *Typographie, guide pratique*, Paris, Pyramyd ntcv, 1998.

Gouriou C., *Mémento typographique*, Paris, Éditions du Cercle de la Librairie, 1993.

Guery L., *Dictionnaire des règles typographiques*, Paris, Centre de formation et de perfectionnement des journalistes (CFPJ), 1996.

Guery L., *Manuel de secrétariat de rédaction (de la copie à la maquette de mise en page)*, Paris, CFPJ, 1986.

Guery L., *Précis de mise en page*, Paris, CFPJ, 1988.

Jacno M., *Anatomie de la lettre*, Paris, Compagnie française d'édition, 1978.

Le Crosnier H., *L'édition électronique (publication assistée par ordinateur)*, Paris, Éditions du Cercle de la Librairie, 1988.

Livingston A. & I., *Dictionnaire du graphisme*, Paris, Éditions Thames & Hudson, 1998.

Mandel L., *Du pouvoir de l'écriture*, Méolans-Revel, Atelier Perrousseaux, 2004.

Mandel L., *Écritures : Miroir des hommes et des sociétés*, Méolans-Revel, Atelier Perrousseaux, 1998.

Perrousseaux Y., *Histoire de l'écriture typographique de Gutenberg au XVIIe siècle*, Atelier Perrousseaux (à paraître).

Perrousseaux Y., *Manuel de typographie française élémentaire*, Méolans-Revel, Atelier Perrousseaux, 1996.

Perrousseaux Y., *Mise en page et impression, notions élémentaires*, Reillanne, Atelier Perrousseaux, 1996-2003.

Ponot R., *Techniques graphiques*, Paris, ministère du Commerce et de l'Industrie, 1975.

Stammbach S., *Typothéâtre*, Herman Schmit Mains, Robert Koch Strasse 8, D-55129 Mains, 2005.

Tschichold J., *Livre et typographie*, Paris, Éditions Allia, 1994.

Zapf H., *Variations typographiques*, Paris, Hermann, 1965.

182

Index
alphabétique

A

achevé d'imprimer, 121
actuel (style), 129
Alessandrini (classification), 48
alinéa, 104
anamorphose, 42
anatomie de la lettre, 38
anglaise (lettre), 50
antique (caractère), 41, 48
approche, 58
architecture de l'information, 139, 155
ascendante, 40, 43
autour du texte principal, 109

B

bas de casse, 43
belle page, 109
bibliographie, 115
blanc, 93, 97
bloc informatif, 26
bloc typographique, 25
bon à tirer, 21, 22, 23

C

cadratin, 61, 65
calibrer, 14
capitale, 43
casse, 43

cerveau droit, 85, 109
cerveau gauche, 85, 109
chaîne préparatoire, 12
chasse, 40
chiffre, 62
cicéro, 39
citations, 120
classification Alessandrini, 48
classification Novarese, 48
classification Thibaudeau, 41, 48, 49, 52, 53, 54
classification Vox-ATYPI, 48, 49, 52, 54, 56, 57
classifications typographiques, 52
code typographique, 13
codes thématiques, 73
codex, 17, 21
colophon, 124
compact, 107, 108
composition, 23
composition en drapeau, 105
contraste, 88
copie, 21
copyright, 121
corps, 39
correcteur d'épreuves, 22
correction (signes de), 14
couleur du noir, 89

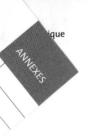

ANNEXES

couleur en sus du noir, 91

couleur typographique, 89

coupure de mots, 61

coupure de nombres, 61

courriel, 137

courrier électronique, 82, 153

crochets, 69

cul-de-lampe, 71

cursive, 47

D

débord, 105

début de paragraphe, 107

dépôt légal, 121, 122

descendante, 40

dessin de caractères, 35

dessin des caractères (squelette), 35

dessin des caractères (style), 35

deux-points, 65, 68

devis, 21

diaporama, 142

didone (caractère), 49

Didot (caractère), 49

dimension des caractères, 34

double page, 109

ductus, 43

E

éclairée (lettre), 50

édition numérotée, 124

égyptienne (caractère), 41, 49

Elzévir (caractère), 41, 49

empattement, 41

encombrement, 58

encombrement (d'un caractère), 58, 59, 60

enrichissement, 14

épreuve, 21

espace, 60

espace-mot, 61

espacement des lignes, 38

étroitisation, 24

F

famille de caractères, 51

fantaisie (caractères), 49, 50

fausse page, 109

faux titre, 110

fer à droite, 105

fer à gauche, 105

feuillet, 17

filet, 70

foisonnante (typographie), 84

folios, 117

format de page, 17

formes de base ou squelettes, 43

fracture (caractère), 48, 57

G

garalde (caractère), 49, 52

glossaire, 115

Gothic (caractère), 48

gothique (caractère), 48

gothique (lettre), 50

graisse, 40

gras, 40

Grotesk (caractère), 48

guillemets, 68

H

hellénique (caractère), 53, 54

hiérarchie entre les blocs typographiques, 100

hiérarchie entre les mots, 103

HTML, 143, 145

humane (caractère), 49, 52

hyperlien, 135

I

idéogramme, 72

illustration, 21, 120

imposition, 20, 22

incipit, 110

incise (caractère), 57

incunable, 69

index alphabétique, 112

indicateurs d'orientation, 138

indicateurs graphiques, 137

indicateurs perceptifs, 137

indicateurs visuels, 137

interlignage, 107

Internet, 144

ISBN, 123

ISNN, 123

italique, 46

J

jalon (texte), 26

justification, 105

L

labeur (caractères de), 48

légendes, 120

lettre électronique, 137, 154, 156

lettre transfert, 60

lézarde, 100, 101

ligature, 58

ligne justifiée ou non, 35

linéaire (caractère), 48

linéale (caractère), 48

lisibilité, 28

lisibilité de la page, 87

logiciels bureautiques, 140,

logotype, 72

longueur des lignes, 35

185

M

macrolisibilité typographique, 27
macrotypographie, 26, 76
maigre, 40
majuscule, 43
manuaire (caractère), 57
manuscrit, 12
maquette, 19
marges ou blancs périphériques, 97
marque, 72
mauvaise page, 17
mécane (caractère), 49
metteur au point, 13
microlisibilité typographique, 27
microtypographie, 26, 28
mind mapping, 138
minuscule, 43
mise au point linguistique, 12
mise au point typographique, 13
mise en page, 76
Modern style, 127
mosaïque (culture), 81, 83
mot-image, 126
mutilée (lettre), 50

N

Nétiquette, 153
neurologie, 83

nombre, 63
nombre de pages, 20
normande (lettre), 50
note bibliographique, 117
notes, 118

O

œil, 40
ornée (lettre), 50

P

page type finalisée, 20
paragraphe, 104
parenthèse, 65, 69
PDF, 140, 143
photocomposition, 9
pica, 39
pictogramme, 72
piger, 14
plomb (caractères – composition), 9, 10, 23
point, 65
point typographique, 39
point-virgule, 65, 67
points de suite, 70
police de caractères, 51, 140, 145
ponctuation, 64
prémaquette, 19

préparateur de copie, 13

préparation visuelle, 19

psychologie de la typographie, 125

psychologie et styles, 125

R

réale (caractère), 49, 52

renfoncement, 104

rentrée, 104

résolution d'affichage, 132

rewriter, 13

romain, 46

RTF, 142

S

scripte (caractère), 47

secrétaire de fabrication, 13

séquentielle (lecture), 135

simplice (caractère), 48

site Internet, 156

sommaire, 111

souligné, 69, 147

structure typographique foisonnante, 84

structure typographique hiérarchisée, 78

structure typographique modulée, 80

structure typographique mosaïque, 80

structure typographique ponctuée, 79

structure typographique rythmée, 80

structure typographique uniforme, 78

structures typographiques, 77

style actuel, 129

style Art-déco, 127

style éditorial, 128

style international, 127, 128

style nouille, 127

style romantique, 127

styles graphiques, 127

T

table, 149

tableau, 149

texte secondaire, 26

texte suivi, 26

Thibaudeau (classification), 41, 48, 49, 52, 53, 54

titre courant, 118

titre de l'ouvrage, 110

trame, 92

transformations optiques (ou électroniques), 42

typographie, culture et neurologie, 83

typographie invisible, 78

typographie structurée, 87, 94

typographie suisse, 128

U

uniforme (typographie), 83

V ——————————————

vignette, 71

volumen, 124

Vox-ATYPI (classification), 48, 49, 52, 54, 56, 57

X ——————————————

x-height, 40

Remerciements

Le présent ouvrage a été composé en caractères
Berkeley et The sans.

Les problèmes tout récents concernant ma vision déficiente
ne m'ont pas permis des contacts directs avec l'équipe
des Éditions Retz dont la compétence m'a semblé d'une grande
qualité. Ils se sont bornés à des rapports oraux et écrits
avec Madame Joëlle Gardette dont j'ai apprécié le grand
professionnalisme, la courtoisie et parfois même la patience.
Je la remercie chaleureusement. J'ai été très heureux
de cette collaboration enrichissante avec Olivier Binisti.
Et tout cela n'a pu se faire que grâce au flair,
à la compétence et à la ténacité de l'éditeur Philippe Champy.

François Richaudeau

Mes remerciements à Brigitte Cicchini, mon associée,
pour ses conseils et son œil, sur mon travail et mon écriture.
Je remercie aussi Philippe Champy, directeur des Éditions Retz,
d'avoir pensé à moi pour réaliser ce travail auprès
de François Richaudeau, et mon éditrice, Joëlle Gardette,
pour sa patience et son suivi.

Olivier Binisti

L'éditeur remercie Sophie Vermander pour sa précieuse
collaboration.

Du même auteur

Direction éditoriale : Sylvie Cuchin

Édition : Joëlle Gardette

Conception maquette : Langage Graphique

Mise en page : Domino, Marion Clément

Schémas noir et blanc et illustrations couleurs : Langage Graphique
(à l'exception des figures J, L et M, réalisées par Domino)

Corrections : Catherine Lainé

N° de projet : 10120480
N° d'éditeur : 1353
Dépôt légal : octobre 2005
Achevé d'imprimer sur les presses de France Quercy, 46001 Cahors